Adolf Velser

**Ecclesiazusae**

Adolf Velser

**Ecclesiazusae**

ISBN/EAN: 9783744644792

Hergestellt in Europa, USA, Kanada, Australien, Japan

Cover: Foto ©ninafisch / pixelio.de

Weitere Bücher finden Sie auf **www.hansebooks.com**

# ARISTOPHANIS

# ECCLESIAZUSAE

RECENSUIT

ADOLPHUS VON VELSEN.

LIPSIAE
IN AEDIBUS B. G. TEUBNERI.
MDCCCLXXXIII.

# ARISTOPHANIS

# ECCLESIAZUSAE

RECENSUIT

**ADOLPHUS VON VELSEN.**

# FRIDERICI RITSCHL
# OTTONIS JAHN
# THEOPHILI WELCKER

## PRAECEPTORUM OPTIMORUM

### DIVIS MANIBUS

S.

# FRIDERICI RITSCHL
# OTTONIS JAHN
# THEOPHILI WELCKER

## PRAECEPTORUM OPTIMORUM

### DIVIS MANIBUS

S.

# Praefatio.

Codices, quibus in Ecclesiazusarum fabula recensenda usus sum, hi sunt:

1) Ravennas ($R$), membranaceus, forma quadrata maiore, foliorum 191, saeculo XI exaratus. Ab initio folia nonnulla madore corrupta sunt. Fabulas Aristophanias, quae quidem aetatem tulerunt, continet integras et scholia scripta manu diversa. Haec manus, fere suppar aetate primae manui, multis locis correctricis munere functa est ($R^2$). Ceterum affirmat Albertus Martin in libro illo summa cura et diligentia confecto, qui inscribitur: Les Scolies du manuscrit d'Aristophane à Ravenne étude et collation par M. Albert Martin, ea scholia, quae leguntur ad Plutum, Nubes, Ranas, Aves, Pacem fabulas, ab $R$ i. e. ab eadem manu picta esse, quae ipsum comoediarum textum exaravit.

2) Parisinus ($A$), membranaceus, inter Brunckii regios 2712, forma quadrata maiore, scriptus saeculo XIII, foliorum 320, quorum ea, quae sunt a 215 usque ad finem codicis, et 107—110 (quibus Pluti vv. 485—783 leguntur) continent Aristophanis Plutum, Nubes, Ranas, Equites, Aves, Acharnenses, Ecclesiazusarum partem priorem. Singulae lineae binos versus exaequant. Insunt scholia, rara illa ad Plutum et Ranas, paullo uberiora ad Nubes, nulla ad Equites, Acharnenses, Aves, Ecclesiazusas. In Aristophane duae discernuntur correctorum manus, quarum altera minio et appinxit notas personarum et nonnullis locis correctricis munere functa est. Praeterea alia manus correctrix aperte recentior multis locis per poetae verba vagata est. Leguntur autem in hoc codice praeter illas fabulas Aristophanias Euripidis Hecuba, Orestes, Phoenissae, Andromache,

Medea, Hippolytus, Sophoclis Aiax, Electra, Oedipus tyrannus, Antigone, Oedipus Coloneus, Trachiniae, Philoctetes. Quae fabulae Euripidis et Sophoclis ab alia manu exaratae sunt atque ea, quae Aristophanis comoedias pinxit.

3) Parisinus (*B*), chartaceus, inter Brunckii regios 2715, forma quadrata minore, saeculo exaratus XVI, paginarum 219. Continet Equites, Acharnenses, Aves, Vespas, Lysistratam, Ecclesiazusas (usque ad versum 1136), Pacem. Nulla insunt scholia. In Ecclesiazusis et Pace desunt etiam notae personarum. Una correctoris dignoscitur manus.

4) Florentinus (*Γ*) bombycinus, plut. 31 cod. 15, forma maiore, foliorum 166, saeculo XIIII scriptus. Singulae lineae binos versus exaequant. Continet is liber Euripidis fabulas quattuor: Hippolytum, Medeam, Alcestidem, Andromachen; Aristophanis (inde a folio 69) sex: Acharnenses, Ecclesiazusas (usque ad versum 1136), Equites, Aves (usque ad v. 1419), Vespas ab initio et in fine mutilam (v. 421—1397 et 1494 usque ad finem comoediae), Pacem item mutilam (v. 377—1298). Altera manu pictae sunt Acharnenses, Ecclesiazusae, Vespae, Pax, altera Equites et Aves: item duae distinguuntur manus correctrices. Scholia satis, si ab Ecclesiazusis recesseris, frequentia exstant in marginibus et ante initia fabularum.

Ceterum codex archetypus, ex quo transcriptus est *Γ*, in mediis versibus ad novam personam indicandam habuisse videtur bina puncta (:). Quem usum cum *Γ* codicis librarius non perspiceret, exortae sunt eiusmodi scripturae velut v. 1065 *καθίστη*: *ἄλλη γραῦς*: *ποι* v. 147 *λέγειν*: *ἐγώ*. v. 192 *ἀλλ' οὐκ ἂν εἶπον*: *μηδ'* *ἐθίζου ναῦ λέγειν* vv. 437—440 *εἶναι πανοῦργον*: *σέ*: *μή ποντ' ἐρῇ*: *κἄπειτα κλέπτην*: *ἐμὲ μόνον*: | *καὶ νὴ δία*: *καὶ συκοφάντην*: *ἐμὲ μόνον*: *καὶ νὴ δία*: | *τῶνδὶ τὸ πλῆθος*: *τίς δὲ τοῦτ' ἄλλως λέγει* vv. 776 et 777 *ὁ ξεύς σέ γ' ἐπιτρίψειεν*: *ἐπιτρίψουσι γάρ*: *οἴσειν δοκεῖς τιν'*: *ὅστις αὐτῶν νοῦν ἔχει·* aliis locis permultis. Ceterum cfr. ea, quae de interpungendi notis a manu secunda correctis in codicis *N* descriptione afferam.

5) Monacensis (*N*), chartaceus, Nr. 137, forma maiore, foliorum 127, scriptus XV saeculo. Continet Aristophanis Plutum, Nubes, Ranas, Ecclesiazusas (fol. 2—105'), deinde Dionysii orbis descriptionem (fol. 106ʳ—127ʳ). Nulla insunt

scholia. A duabus manibus diversis atque illis quidem aetate supparibus exaratus est. Altera manus Aristophanis comoedias, altera Dionysii descriptionem orbis exaravit. Duae autem in Ecclesiazusis occurrunt manus correctrices, una, quae et ipsa atramento pinxit, raro, altera, quae minio usa est, permultis locis. Atque saepissime prima manus pro interpungendi nota binis punctis (:) usa est, quae passim manus altera ($N^2$) atque illa eadem, quae personarum notas adscripsit, minio in singula puncta (·) correxit. Ita v. 31 κεκόκκυκκεν: I m., in κεκόκκυκκεν. corr. II m., v. 42 φιλαινέτην: I m., in φιλαινέτην. corr. II m., v. 84 τάλαινα:, (sic) I m., in τάλαινα. corr. II m., v. 147 λέγειν:, I m., in λέγειν. corr. II m., v. 156 ἔχεις:, I m., in ἔχεις. corr. II m. (exstat nunc ἔχεις:;), v. 327 γειτνιῶν; I m., in γειτνιῶν. corr. II m. (exstat nunc γειτνιῶν;· atramento pictum; minio ·), v. 582 θεαταῖς:· I m., in θεαταῖς. corr. II m. (exstat nunc θεαταῖς:··), v. 335 φράσαι; I'm., in φράσαι. corr. II m., v. 621 δείσης: I m., in δείσης. corr. II m., μαχοῦνται:, I m., in μαχοῦνται. corr. II m. Cuius rei exempla permulta in hoc codice inveniuntur.

In fine codicis (fol. 127ʳ) haec est subscriptio: μιχαῆλος ἀποστόλης βυζάντιος, μετὰ τὴν ἅλωσιν τῆς ἱερᾶς πατρίδος αὑτοῦ, πενία συζῶν, καὶ τόδε τὸ βιβλίον ἐξέγραψεν, οὐκ ἄνευ μέντοι μισθοῦ: —

†πλουτοδότηρος γεώργιε παῖ σοφίης ἐρατεινε·
κόσμε τε κυδαλίμοιο φίλης σέο πατρίδος αἴης·
χάρμα τε δόξα τε πουλυπαθῶν γονέων φιλοπαίδων.
μεῖο τε πηγῆς ἀντλήσας πολυήρατον χεῦμα·
χαῖρ᾽ ἀρδευτὰ μακάρτατε ἠλυσίου λειμῶνος·
λίσσεο καὶ ἡμέας μετὰ σεῖο\\ᵞᵉ πάντας ἐσεῖσθαι: —
†ἰχθύς κατέπι᾽ ἰωνᾶν, προστάξει πνεύματος ἁγίου. προμη —
νύων ἔγερσιν χριστοῦ τὴν τριήμερον: —

Ceterum manu Michaeli Apostolis sola Dionysii descriptio orbis exarata est, sed eadem manus etiam in Aristophanis comoediis nonnullis locis correctricis munere functa est et versus aliquot in ipso contextu omissos in margine supplevit. In Ecclesiazusis autem nulla huius manus sunt vestigia.

Iam ex discrepantia scripturae apparet ex duobus fontibus

diversis hinc $R$ et $N$, illinc $B$ et $\Gamma$ codices fluxisse. Monacensem $(N)$ autem ex Ravennate $(R)$ non transcriptum esse pro certo affirmari potest. Videtur autem, quantum ex Blaydesii editione colligere possum, ipsa enim Aldina mihi non praesto est, Aldina ex codice fluxisse, qui Monacensi simillimus erat.

Scribebam Hanoviae Cal. Mart. a. MDCCCLXXXIII.

# ΑΡΙΣΤΟΦΑΝΟΥΣ
# ΕΚΚΛΗΣΙΑΖΟΥΣΑΙ.

# ΤΑ ΤΟΥ ΔΡΑΜΑΤΟΣ ΠΡΟΣΩΠΑ

ΠΡΑΞΑΓΟΡΑ.
ΓΥΝΗ Α.
ΓΥΝΗ Β.
ΧΟΡΟΣ ΓΥΝΑΙΚΩΝ.
ΒΛΕΠΥΡΟΣ.
ΑΝΗΡ Α.
ΑΝΗΡ Β.
ΚΗΡΥΚΑΙΝΑ.
ΓΡΑΥΣ Α.
ΓΡΑΥΣ Β.
ΓΡΑΥΣ Γ.
ΝΕΑΝΙΣ.
ΝΕΑΝΙΑΣ.
ΘΕΡΑΠΑΙΝΑ.

Index personarum deest in $RABΓ$. — τὰ (τ minio et a II m.) τοῦ δράματος πρόσωπα: (min. corr. II m. in·) Γυνή (Γ min. et a II m.) τίς πραξαγόρα: (min. corr. II m. in.) ἑτέρα (ἑ min. et a II m.) γυνή: (min. corr. II m. in.) χορός: (min. et a II m. pictum χ et : corr. in.) ἀνήρ (ἀ min. et a II m.) τίς: (min. corr. II m. in.) ἕτερος (ἕ min. et a II m.) ἀνὴρ βλέπυρος: (min. corr. II m. in.) ἕτερος (ἕ min. et a II m.) ἀνὴρ ἀπό ἐκκλησίας χρέμης: (min. corr. II m. in·) ἄλλος (ἄ min. et a II m.) ἀνὴρ φειδωλός: (min. corr. II m. in·) κῆρυξ· (min. et a II m. pictum κ et· corr. in.) Γραῦς· (min. et a II m. pictum Γ et· corr. in.) ἑτέρα (ἑ min. et a II m.) νέα· (corr.· min. et a II m. in.) θεράπαινα: (min. et a II m. pictum θ et: corr. in.). Deinde sequitur minio a II m.: ἀριστοφάνους ἐκκλησιάζουσαι N

# ΥΠΟΘΕΣΕΙΣ.

## I.

Αἱ γυναῖκες συνέθεντο πάντα μηχανήσασθαι εἰς τὸ δόξαι ἄνδρες εἶναι καὶ ἐκκλησιάσασαι πεῖσαι παραδοῦναι σφίσι τὴν πόλιν, δημηγορησάσης μιᾶς ἐξ αὐτῶν. αἱ δὲ μηχαναὶ τοῦ δόξαι αὐτὰς ἄνδρας εἶναι τοιαῦται. πώγωνας περιθέτους καὶ ἀνδρείαν ἀναλαμβάνουσι στολήν, προνοήσασαι καὶ προασκήσασαι τὸ σῶμα αὐτῶν, ὡς ὅτι μάλιστα ἀνδρικὸν εἶναι δόξαι. μία δὲ ἐξ αὐτῶν Πραξαγόρα λύχνον ἔχουσα προέρχεται κατὰ τὰς συνθήκας καὶ φησίν, ὦ λαμπρὸν ὄμμα.

## II.

### ΑΡΙΣΤΟΦΑΝΟΥΣ ΓΡΑΜΜΑΤΙΚΟΥ.

Ἐν τοῖς Σκίροις τὰ γύναι' ἔκρινεν ἐν στολαῖς ἀνέρων προκαθίζοντα, γενομένης ἐκκλησίας, περιθέμεναι πώγωνας ἀλλοτρίων τριχῶν.

SCRIPTURAE DISCREPANTIA.

I et II argumentum desunt in $B$ ‖ I argumentum secundo loco est in $Γ$ et $N$ ‖ v. 1 αἱ minio $A^2$ α in αἱ minio $N^2$ ‖ v. 2 ἄνδρας $Γ$ | ἐκκλησιασασθαι $Γ$ | σφῖσι $A$ | τὴν corr. ex τῆν $A$ ‖ v. 3 μηχαναῖ $R$ ‖ v. 4 omm. ἄνδρας εἶναι $AΓ$ | περιθετοὺς $AΓ$ | ποιοῦνται· (ποιοῦνται, $N$) καὶ ἀνδρείαν $AΙ'N$ ‖ v. 5 ἀναλαμβάνονται $AΓ$ | προασκήσασαι καὶ προνοήσασαι tr. $RAI'N$ ‖ v. 6 αὐτῶν (pro αὐτῶν) $RAΓN$ | δὴ (pro δὲ) $R$ ‖ v. 8 φησὶ $Γ$ | ὦ (pro ὦ) $R$ ‖ secuntur: τὰ τοῦ δράματος πρόσωπα :· in $N$.

II argumentum deest in $R$ et $A$ | priore loco est in $Γ$ et $N$ ‖ ἀριστοφάνους ἐκκλησιάζουσαι: $Γ$ ἀριστοφάνους γραμματικοῦ ὑπόθεσις :· minio $N^2$ ‖ v. 1 $E$ (in Ἐν) minio $N^2$ | ἔκρινε $ΓN$ | ἐν omm. $ΓN$ ‖ v. 2 προκαθίζοντα $Γ$ ‖ v. 3 παραθέμενα $Γ$ παραθέμεναι $N$

1*

ἐποίησαν οὕτως. ὑστεροῦντες οὖν στολαῖς
ἄνδρες γυναικῶν ἐκάθισαν· καὶ δὴ μία
δημηγορεῖ περὶ τοῦ λαβούσας τῶν ὅλων
τὴν ἐπιτροπὴν βέλτιον ἄρξειν μυρίῳ·
ἐκέλευσέ τ᾽ εἰς κοινὸν φέρειν τὰ χρήματα
καὶ χρῆσθ᾽ ἅπασιν ἐξ ἴσου ταῖς οὐσίαις,
καὶ ταῖς γυναιξὶ μετατίθεσθαι τοὺς νόμους. 10

SCRIPTURAE DISCREPANTIA.

v. 7 μυρίων *I'N* ‖ v. 8 φέρον *Γ* ‖ v. 9 χρῆσθαι *ΓN* ἐξίσου *N* ‖ v. 10 τοῖς (pro ταῖς) *Γ* ‖ sequitur altera hypthesis ἄ (minio *N²*) λλως αἱ γυναῖκες συνέθεντο *I'N* ‖ verba ita distributa sunt, ut singuli versus finiantur vocabulis: ἐκκλησίας | ἄνδρες | βέλ (in βέλτιον) | ταῖς | νόμους *I'* — προκαθί (in προκαθίζοντα) | πώγωνας | στο (in στολαῖς) | δημηγορεῖ | ἄρ (in ἄρξειν) | χρῆ (in χρῆσθ᾽) | μετατί (in μετατίθεσθαι) | νόμους *N*

# ΕΚΚΛΗΣΙΑΖΟΥΣΑΙ.

*ΠΡΑ.* Ὦ λαμπρὸν ὄμμα τοῦ τροχηλάτου λύχνου
κάλλιστον εὐστόχοισιν ἐξητημένον,
γονάς τε γὰρ σὰς καὶ τύχας δηλώσομεν·
τροχῷ γὰρ ἐλαθεὶς κεραμικῆς ῥύμης ὕπο
μυκτῆρσι λαμπρὰς ἡλίου τιμὰς ἔχεις·       5
ὅρμα φλογὸς σημεῖα τὰ ξυγκείμενα.
σοὶ γὰρ μόνῳ δηλοῦμεν, εἰκότως, ἐπεὶ

ADNOTATIO CRITICA.

v. 2 κάλλιστον Wcstonius. — ἐξητημένον Dobraeus. — v. 4 ὕπο Kusterus.

SCRIPTURAE DISCREPANTIA.*

Personarum notae a manu secunda minio appictae sunt in *A* et in *N* ‖ v. 1 *ΠΡΑ.*] — *R* πραξαγορα *N* omm. *ABΓ* sed inter v. 1 et v. 2 appictum πραξαγόρα in *A* | Ὦ] ὦ minio *A*² *Ω*" minio *N*² omm. *BΓ* | τροχηλάτου] τραχηλάτου *BΓ*· ‖ v. 2 κάλλιστον] κάλλιστ᾽ ἐν *RABΓN* | εὐστόχοισιν] εὐσκόποισιν *ABΓN* (εὐστόχοισιν *R*) | ἐξητημένον] ἐξητημένον *RABΓN* ‖ v. 3 γονάς τε] γονὰς τὲ *ΑΓ* | σὰς] δισσὰς *ABΓ* ‖ v. 4 τροχῷ] τρόχω *ABΓ* τροχῶ *N* | κεραμικῆς] corr. ex καιραμικῆς in *R* | ὕπο] ἄπο *RABΓN* ‖ v. 5 λαμπρὰς] λαμπρὰς *R* | τιμὰς] τιμᾶς ῾*R* ‖ v. 6 ὅρμα] ὅρμα *R* | ξυγκείμενα] corr. ex ξυγκειμένα in *R* ‖ v. 7 μόνῳ] μόνω *ΑΒΓN*

* in scripturae discrepantia non adnotabo: 1) interpungendi notas, nisi illae, id quod raro usu venit, ad ipsam verborum sententiam constituendam maioris erunt momenti; 2) spiritus qui vocantur vel accentus sola librarii neglegentia omissos, velut καὶ; 3) accentus graves quos vocant ante interpungendi signum non in accentus acutos mutatos, velut καὶ, (pro καί,); 4) accentus acutos in cursu orationis in graves non mutatos, velut ἐγώ δὲ (pro ἐγὼ δὲ) vel ἐπεὶ δέ τοῦτο (pro ἐπεὶ δὲ τοῦτο); 5) accentus graves etiam in paenultima vel antepaenultima syllaba vocabuli positos, velut ὥστε.

# 6 ΕΚΚΛΗΣΙΑΖΟΥΣΑΙ.

κἂν τοῖσι δωματίοισιν Ἀφροδίτης τρόπων
πειρωμέναισι πλησίον παραστατεῖς,
λορδουμένων τε σωμάτων ἐπιστάτην 10
ὀφθαλμὸν οὐδεὶς τὸν σὸν ἐξείργει δόμων.
μόνος δὲ μηρῶν εἰς ἀπορρήτους μυχοὺς
λάμπεις, ἀφεύων τὴν ἐπανθοῦσαν τρίχα·
στοάς τε καρποῦ βακχίου τε νάματος
πλήρεις ὑποιγνύσαισι συμπαραστατεῖς· 15
καὶ ταῦτα συνδρῶν οὐ λαλεῖς τοῖς πλησίον.
ἀνθ' ὧν συνείσει καὶ τὰ νῦν βουλεύματα,
ὅσα Σκίροις ἔδοξε ταῖς ἐμαῖς φίλαις.
ἀλλ' οὐδεμία πάρεστιν ἃς ἧκειν ἐχρῆν.
καίτοι πρὸς ὄρθρον γ' ἐστίν· ἡ δ' ἐκκλησία 20
αὐτίκα μάλ' ἔσται· καταλαβεῖν δ' ἡμᾶς ἕδρας,
ἃς Φυρόμαχός ποτ' εἶπεν, εἰ μέμνησθ' ἔτι,
δεῖ, τὰς δ' ἑτέρας πως ἐγκαθεζομένας λαθεῖν.
τί δῆτ' ἂν εἴη; πότερον οὐκ ἐρραμμένους

ADNOTATIO CRITICA.

v. 17 συνείσει Bisetus. — v. 23 δ' post τὰς e coniectura adieci cfr.
v. 281. — ἑτέρας Iuntina. — ἐγκαθεζομένας Scaliger vid. scholium ad
versum 1.

SCRIPTURAE DISCREPANTIA.

v. 8 κἂν] κἄν Γ' | τοῖσι] corr. ex τοῖς in B τοῖς est in A Γ |
δωματίοισιν] δοματίοισιν R | Ἀφροδίτης] ex ἀφροδέτης corr. R² |
τρόπων] τρόπω A B ‖ v. 9 πλησίον] πλησίως R πλησίος B Γ N ‖ v.
10 λορδουμένων] corr. ex λοροδουμένων in A | τε] τὲ A Γ' ‖ v. 11
ὀφθαλμὸν] ὀφθαλμὸς A B Γ | οὐδεὶς] οὐδεῖς R | ἐξείργει] ἐξείρ Γ' |
δόμων] δόμου B δόμῳ Γ ‖ v. 11 post v. 12 legitur in R, iustum
ordinem restituit R² ‖ v. 12 μόνος] corr. ex μονὸς in R ¦ μυχούς] μυ-
κοὺς R ‖ v. 14 στοάς] στοᾶς R A Γ N (στοὰς B) | τε] τὲ R | βακ-
χίου] corr. in βακχείου R² | τε] τὲ A B Γ ‖ v. 15 πλήρεις] πλήρης
A B Γ ‖ v. 16 λαλεῖς] λαλοῖς Γ ‖ v. 17 ἀνθ' ὧν] ἀνθῶν Γ | συνείσει]
συννοίσει R A B Γ N | τὰ] corr. R² ex τα ‖ v. 18 ἔδοξε] ἔδοξεν R ‖ v.
19 οὐδεμία] οὐδὲ μία A N ‖ v. 20 καίτοι] καὶ τοι A N | ὄρθρον γ']
ὀρθρόν γ' R ὄρθρον B | ἐστίν] ἔστιν A | ἡ δ'] ἢ δ' R ‖ v. 21 δ']
om. N | ἕδρας] corr. ex ἔδρας in R ‖ v. 22 ἃς] ἀσ R | Φυρόμα-
χος] σφυρόμαχός A B Γ N (ἃς κλεόμαχος· lemma scholii in R) ‖ v.
23 τὰς δ' ἑτέρας] τὰς ἑταίρας R A B Γ N | πως] πῶς R N omm.
A B Γ | ἐγκαθεζομένας] κωλαθιζομένας R καθαγιαζομένας A B Γ
κἀγαθιζομένας N | λαθεῖν] πως λαθεῖν A B Γ ‖ vv. 24—26 omissi
sunt in A B Γ ‖ v. 24 ἐρραμμένους] ἐρραμίνους N

ΕΚΚΛΗΣΙΑΖΟΤΣΑΙ. 7

ἔχουσι τοὺς πώγωνας, οὓς εἴρηϑ' ἔχειν· 25
ἢ ϑαἰμάτια τἀνδρεῖα κλεψάσαις λαϑεῖν
ἣν χαλεπὸν αὐταῖς; ἀλλ' ὁρῶ τονδὶ λύχνον
προσιόντα. φέρε νυν ἐπαναχωρήσω πάλιν,
μὴ καί τις ὢν ἀνὴρ ὁ προσιὼν τυγχάνῃ.
ΚΟΡ. ὥρα βαδίζειν, ὡς ὁ κῆρυξ ἀρτίως 30
ἡμῶν προσιόντων δεύτερον κεκόκκυκεν.
ΠΡΑ. ἐγὼ δέ γ' ὑμᾶς προσδοκῶσ' ἐγρηγόρη
τὴν νύκτα πᾶσαν. ἀλλὰ φέρε, τὴν γείτονα
τήνδ' ἐκκαλέσωμαι, ϑρυγονῶσα τὴν ϑύραν.
δεῖ γὰρ τὸν ἄνδρ' αὐτῆς λαϑεῖν. ΓΤ. Α. ἤκουσά
    τοι 35
ὑποδουμένη τὸ κνῦμά σου τῶν δακτύλων,
ἅτ' οὐ καταδαρϑοῦσ'. ὁ γὰρ ἀνήρ, ὦ φιλτάτη,
Σαλαμίνιος γάρ ἐστιν ᾧ ξύνειμ' ἐγώ,
τὴν νύχϑ' ὅλην ἤλαυνέ μ' ἐν τοῖς στρώμασιν,
ὥστ' ἄρτι τουτὶ ϑοἰμάτιον αὐτοῦ 'λαβον. 40

ADNOTATIO CRITICA.
v. 32 ἐγρηγόρη Porsonus. — v. 40 'λαβον scripsi vestigia codicum, maxime $R^2$, secutus.

SCRIPTURAE DISCREPANTIA.
v. 25 τοὺς πώγωνας] τὰς πώγωνας R ‖ v. 26 ἢ ϑαἰμάτια] εἴϑ' αἰμάτια (αἰμάτια etiam lemma scholii) R ἦσϑ' αἱμάτια N ‖ v. 27 ἣν] ἦν N | ὁρῶ] ὁρᾷ R | τονδὶ] τὸν δὶ RN ‖ v. 28 φέρε] corr. ex φερε $R^2$ | νυν] νῦν RABΓN | ἐπαναχωρήσω] corr. ex ἐπ' ἀναχωρήσω in R ‖ v. 29 προσιὼν] προσιῶν R | τυγχάνῃ] τυγχάνεις RAΓN τυγχάνη B ‖ v. 30 ΚΟΡ.] — R γυνή τις A γυνὴ τίς N omm. BΓ | κῆρυξ] κῆρυξ RN ‖ v. 31 κεκόκκυκεν] κεκόκκυκκεν N ‖ v. 32 ΠΡΑ.] — R omm. BΓ | δέ γ' ὑμᾶς] in ras. sunt, sed a prima manu in B δ' ὑμᾶς est in AΓ δὲ γ' ὑμᾶς N | ἐγρηγόρη] ἐγρηγορεῖν R ἐγρηγορεῖν AΓN ἐγρηγόρουν B ‖ v. 33 ἀλλὰ φέρε] corr. ex ἄλλα φε $R^2$ ‖ v. 34 τήνδ'] τὴν δ' R τὴν δ' N | ἐκκαλέσωμαι] ἐκκαλέσομαι AΓ ἐκκαλεσσομαι B | ϑρυγονῶσα] corr. ex ϑρυγωνῶσα N τρυγονῶσα B Γ' (et lemma scholii in R) τρυγανῶσα A ‖ v. 35 ΓΤ. Α.] : R γυνή ΓN omm. AB ‖ v. 36 κνῦμά σου] κνῦμα σου A κνῆμα σου B κνύμα σου N ‖ v. 37 καταδαρϑοῦσ'] καταϑοῦσ' Γ | ἀνήρ] ἀνὴρ corr. ex ανηρ $R^2$ ‖ v. 38 γάρ ἐστιν] γάρ ἐστιν AΓ | ᾧ] ὦ RABΓN ‖ v. 39 τοῖς στρώμασιν] τοῖς στρώμασι Γ τοισ στρώμασιν corr. ex τοισ τρώμασιν in R ‖ v. 40 τουτὶ] corr. ex τουτὶ in R | ϑοἰμάτιον] ϑοιμάτιον corr. ex ϑοἰμάτιον (sic) R ϑοιμάτιον est in A ϑ' οἰμάτιον BN ϑυιμάτιον Γ | αὐτοῦ 'λαβον] αὐτοῦ λαβὼν R corr. in αὐτ' οὔλαβον $R^2$ αὐτοῦ λαβὼν est in

## ΕΚΚΛΗΣΙΑΖΟΤΣΑΙ.

ΠΡΑ. καὶ μὴν ὁρῶ καὶ Κλειναρέτην καὶ Σωστράτην
παριοῦσαν ἤδη τήνδε καὶ Φιλαινέτην.
ΚΟΡ. οὔκουν ἐπείξεσθ'; ὡς Γλύκη κατώμοσεν
τὴν ὑστάτην ἥκουσαν οἴνου τρεῖς χόας
ἡμῶν ἀποτίσειν κάρεβίνθων χοίνικα.  45
ΓΥ. Α. τὴν Σμικυθίωνος δ' οὐχ ὁρᾷς Μελιστίχην
σπεύδουσαν ἐν ταῖς ἐμβάσιν; καί μοι δοκεῖ
κατὰ σχολὴν παρὰ τἀνδρὸς ἐξελθεῖν μόνη.  48
ΓΥ. Β. καὶ πάνυ ταλαιπώρως ἔγωγ', ὦ φιλτάτη,  54
ἐκδρᾶσα παρέδυν. ὁ γὰρ ἀνὴρ τὴν νύχθ' ὅλην  55
ἔβηττε, τριχίδων ἑσπέρας ἐμπλήμενος.  56
ΓΥ. Α. τὴν τοῦ καπήλου δ' οὐχ ὁρᾷς Γευσιστράτην,  49
ἔχουσαν ἐν τῇ δεξιᾷ τὴν λαμπάδα;  50

ADNOTATIO CRITICA.

v. 42 παριοῦσαν nescio quis primorum editorum. — v. 45 nescio, an cum scholio ad Acharn. v. 960 scribendum sit ἡμῖν (pro ἡμῶν). Idem censet, de qua re Rudolphus Prinz amicus me certiorem fecit, Naberus. — v. 48 fortasse μόλις scribendum est pro μόνη, nullae enim adesse videntur in scena pedissequae vel ancillae contionantium mulierum, ut etiam reliquae mulieres „solae" veniant. — vv. 54—56 post v. 48 transposuit Meinekius.

SCRIPTURAE DISCREPANTIA.

ABN αὑτοῦ λαβών Γ ‖ v. 41 ΠΡΑ.] omm. RBΓ γυνη est in A ǀ Κλειναρέτην] κλειμαρέτην B ‖ v. 42 παριοῦσαν] παροῦσαν RABΓN ǀ τήνδε] τῆνδε RΙ' ǀ Φιλαινέτην] ex φιλαινεκάτην corr. R² ‖ v. 43 ΚΟΡ.] — R πρὰ AN ǀ κατώμοσεν] κατώμοσε A ǀ totus versus 43 omissus est in BΙ' ‖ v. 44 ὑστάτην] corr. ex ὕστατην in R ǀ ἤκουσαν] ἤκουσαν R ǀ οἴνου] ὤνου B ǀ χόας] χοᾶς R χοὰς ABN χοᾶς Γ ‖ v. 45 κάρεβίνθων] κ' ἀρεβίνθων R κάρεβίνθου BΙ' ‖ v. 46 ΓΥ. Α.] — A omm. RBΓN ǀ Σμικυθίωνος] ras. corr. ex σιμικυθίωνος R σμικυρίωνος est in B ǀ δ'] omm. ABΓN ǀ οὐχ] οὐχ' RAΓ ǀ ὁρᾷς] ὁρᾶς AΙ' ǀ Μελιστίχην] μελιστιάχην Γ μὲ λιστίχην N ‖ v. 47 ταῖς ἐμβάσιν] ταῖς ἐμβάσι A τοῖς ἐμβάσι Γ ταῖς ἐμβᾶσιν N ‖ vv. 48—56 in codicibus ordo is est, quem numeri supra in margine appicti indicant. ‖ v. 48 κατὰ σχολὴν] κατασχολὴν RΓN ǀ παρὰ τἀνδρὸς] παρά τ' ἀνδρὸς RΓ παρά τ' ἀνδρὸς N ‖ v. 54 ΓΥ. Β.] — RA γυνὴ N omm. BΙ' ǀ ταλαιπώρως ἔγωγ'] ταλαιπώρως γ' AΓ ταλαιπωρῶ ἔγωγ' N ‖ v. 55 ἐκδρᾶσα] ἐκδράσαι A ἐκδρᾶσαι Γ (ἐκδρασα R) ǀ παρέδυν] corr. ex παρέδην N ‖ v. 56 ἑσπέρας] corr. ex ἑσπέρας R ǀ ἐμπλήμενος] ἐμπεπλησμένος AΓ ἐμπλησμένος BN ‖ v. 49 ΓΥ. Α.] — R γυνὴ N omm. ABΓ ǀ οὐχ] οὐχ' RAΓ ǀ ὁρᾷς] ὁρᾶς AN ὁρας Γ ‖ v. 50 τῇ δεξιᾷ] τῇ δεξιᾶ ΑΒΙ'N

ΕΚΚΛΗΣΙΑΖΟΤΣΑΙ. 9

ΠΡΑ. καὶ τὴν Φιλοδωρήτου τε καὶ Χαιρητάδου 51
ὁρῶ προσιούσας χἀτέρας πολλὰς πάνυ 52
γυναῖκας, ὅ τι πέρ ἐστ' ὄφελος ἐν τῇ πόλει. 53
κάθησθε τοίνυν, ὡς ἂν ἀνέρωμαι τάδε 57
ὑμᾶς, ἐπειδὴ συλλελεγμένας ὁρῶ, 58
ὅσα Σκίροις ἔδοξεν εἰ δεδράκατε. 59
ΓΤ. Α. ἔγωγε. πρῶτον μέν γ' ἔχω τὰς μασχάλας 60
λόχμης δασυτέρας, καθάπερ ἦν ξυγκείμενον·
ἔπειθ' ὁπόθ' ἀνὴρ εἰς ἀγορὰν οἴχοιτό μου,
ἀλειψαμένη τὸ σῶμ' ὅλον δι' ἡμέρας
ἐχραινόμην ἑστῶσα πρὸς τὸν ἥλιον.
ΓΤ. Β. κἄγωγε· τὸ ξυρὸν δέ γ' ἐκ τῆς οἰκίας 65
ἔρριψα πρῶτον, ἵνα δασυνθείην ὅλη
καὶ μηδὲν εἴην ἔτι γυναικὶ προσφερής.
ΠΡΑ. ἔχετε δὲ τοὺς πώγωνας, οὓς εἴρητ' ἔχειν
πάσαισιν ἡμῖν, ὁπότε συλλεγοίμεθα;

ADNOTATIO CRITICA.

v. 57 ἂν ἀνέρωμαι Dawesius. — v. 62 ὁπόθ' ἀνὴρ Dawesius. — μοι pro μου scripserim. — v. 64 ἐχραινόμην Bergkius.

SCRIPTURAE DISCREPANTIA.

v. 51 ΠΡΑ.] — R omm. ΑΒΓΝ | Φιλοδωρήτου] φιλοδωρίτου RΓΝ | τε] τὲ RBΓ | Χαιρητάδου] χωρητάδου Β χαρητάδου Ν ‖ v.
52 versui praefixum est πρᾶ in N | χατέρας] χ' ἀτέρας ΑΓΝ χἀτέρας B ‖ v. 53 ὅ τι πέρ ἐστ'] ὅτι περ ἔστ' ΑΒΓ | τῇ] τῇ ΑΒΙ'Ν ‖
v. 57 versui praefixum est πρᾶ N — RA | τοίνυν] τόνυν R | ἂν ἀνέρωμαι] ἀνείρωμαι RN ἂν εἴρωμαι ΑΒΓ ‖ v. 60 ΓΤ. Α.] — R γυνὴ N omm. ΑΒΓ | μέν γ'] μὲν γ' N ‖ v. 61 λόχμης] corr. ex λόγχμης R² (etiam in lemmate scholii in R λόχμης; corr. ex λόγχμης) inter ὁ et χ spatium unius litterae relictum in Α λέχους corr. ex λόχους B λόγχης est in Γ λόχμης N | ξυγκείμενον] ξυγκείμενοι A ‖ v. 62 ὁπόθ'] ὁπότ' ΑΒΓΝ | ἀνὴρ] ἀνὴρ RΑΒΙ'Ν ‖ v. 63 δι' ἡμέρας] διημέρας R ‖ v. 64 ἐχραινόμην] ἐχλιαινόμην RΑΒΓΝ ‖ v. 65 ΓΤ. Β.] — R ἔ$^{περ}$ γυνὴ N omm. ΑΒΓ | τὸ ξυρὸν] τὸν ξυρὸν N | δέ γ'] δὲ γ' A | ἔρριψα πρῶτον ἵνα δα huic versui continuantur in Γ ‖ v. 66 ἔρριψα] ἔριψα N | δασυνθείην] δασηνθείην N ‖ v. 67 μηδὲν] μηδὲν R | προσφερής] corr. ex προσφερῆς R | συνθείην ὅλη huic versui adiecta sunt, ut 66—68 duos versus efficiant Γ ‖ v. 68 ΠΡΑ.] omm. RΑΒΓ | δὲ] δὴ R ‖ v. 69 πάσαισιν] πάσαισι Γ | ἡμῖν] ὑμῖν RN | ὁπότε] ὁπποτε B ὁππότε Γ'

ΓΥ. Α. νὴ τὴν Ἑκάτην, καλόν γ' ἔγωγε τουτονί. 70
ΓΥ. Β. κἄγωγ' Ἐπικράτους οὐκ ὀλίγῳ καλλίονα.
ΠΡΑ. ὑμεῖς δὲ τί φατέ; ΓΥ. Α. φασί· κατανεύουσι γοῦν.
ΠΡΑ. καὶ μὴν τά γ' ἄλλ' ὑμῖν ὁρῶ πεπραγμένα.
Λακωνικὰς γὰρ ἔχετε καὶ βακτηρίας
καὶ θαιμάτια τἀνδρεῖα, καθάπερ εἴπομεν. 75
ΓΥ. Α. ἔγωγέ τοι τὸ σκύταλον ἐξηνεγκάμην
τὸ τοῦ Λαμίου τουτὶ καθεύδοντος λάθρᾳ.
ΓΥ. Β. τοῦτ' ἔστ' ἐκείνων τῶν σκυτάλων ὧν πέρδεται;
ΠΡΑ. νὴ τὸν Δία τὸν σωτῆρ' ἐπιτήδειός γ' ἂν ἦν
τὴν τοῦ Πανόπτου διφθέραν ἐνημμένος 80
εἴπερ τις ἄλλος βουκολεῖν τὴν Δημιώ. 81

ADNOTATIO CRITICA.

v. 78 ἐκείνων Suidas. — v. 81 τὴν Δημιώ (vocab. compos. ex δῆμος et Ἰώ vocc.) e coniectura scripsi.

SCRIPTURAE DISCREPANTIA.

v. 70 ΓΥ. Α.] — RA γυνὴ N omm. ΒΓ | Ἑκάτην] ἑκάτην R | καλόν γ' ἔγωγε] καλὸν γ' ἔγωγε R καλὸν ἔγωγε ΑΓΝ ἔγωγε καλὸν B | τουτονί] corr. ex τουτονὶ R | κἄγωγ' ἐπὶ κράτους· verba huic versui adiecta sunt in Γ || v. 71 ΓΥ. Β.] — R ἔ<sup>τερ</sup> γυνὴ N omm. ΑΒΓ | κἄγωγ'] κἀγώγ' Β | Ἐπικράτους] ἐπὶ κράτους ΓΝ | οὐκ] οὐκ· R | ὀλίγῳ] ὀλίγω ΑΒΓΝ | οὐκ ὀλίγω καλλίονα: verba insequenti versui adiecta sunt in Γ || v. 72 ΠΡΑ.] — R omm. ΑΒΓ | ΓΥ. Α.] γυνὴ N omm. RABΓ | φασί·] φασὶ· errore omissum supra versum inseruit R | κατανεύουσι] κατανεῦσι R κατανεύσαιτε B κατανεῦσαι Γ | γοῦν] γ' οὖν R γὰρ ΑΒΓ || v. 73 ΠΡΑ.] — R omm. ΑΓΝ | τά γ' ἄλλ'] τἄλλα γ' A τὰ γ' ἄλλ' BN || v. 75 θαιμάτια] θαιμάτια RN θοιμάτια A θ' οἱμάτια B θ' αἱμάτια Γ | τἀνδρεῖα] om. R in margine adscr. R² | εἴπομεν] εἴπαμεν R εἴπωμεν ΓΝ || v. 76 ΓΥ. Α.] — RA γυνὴ N omm. ΒΓ | ἔγωγέ τοι] ἔγωγε τοι R || v. 77 τουτὶ] τουτί ΑΒΓ | λάθρᾳ] λάθρα ΑΓΝ || v. 78 ΓΥ. Β.] — R πρᾲ N omm. ΑΒΓ | ἐκείνων] ἐκεῖνο R ἐκεῖνο ΑΒΓΝ || v. 79 ΠΡΑ.] — R omm. ΑΒΓΝ | σωτῆρ'] σωτῆρα ΑΓΝ | ἐπιτήδειός γ'] ἐπιτήδειος γ' RABN || v. 80 Πανόπτου] πανέπτου corr. ex πανόπτου (sic) A πανόπου est in N || v. 81 εἴπερ τις] εἴπέρ τις RABΓN | ἄλλος] omm. ΑΒΓ | τὴν Δημιώ] τὸν δημήμιον R τὸν δήμιον ΑΓΝ ἐθέλει τὸν δῆμιον B

ΕΚΚΛΗΣΙΑΖΟΤΣΑΙ. 11

ΓΓ. Β. ταυτί γέ τοι νὴ τὸν Δί' ἐφερόμην, ἵνα 88
πληρουμένης ξαίνοιμι τῆς ἐκκλησίας. 89
ΠΡΑ. πληρουμένης, τάλαινα; ΓΓ. Β. νὴ τὴν "Αρτεμιν, 90
ἔγωγε. τί γὰρ ἂν χεῖρον ἀκροώμην ἅμα 91
ξαίνουσα; γυμνὰ δ' ἐστί μοι τὰ παιδία. 92
ΠΡΑ. ἰδού γέ σε ξαίνουσαν, ἢν τοῦ σώματος 93
οὐδὲν παραφῆναι τοῖς καθημένοις ἔδει. 94
ἀλλ' ἄγεθ' ὅπως καὶ τἀπὶ τούτοις δράσομεν, 82
ἕως ἔτ' ἐστὶ τἄστρα κατὰ τὸν οὐρανόν· 83
ἠκκλησία δ', εἰς ἢν παρεσκευάσμεθα 84
ἡμεῖς βαδίζειν, ἐξ ἕω γενήσεται. 85
οὐκοῦν καλά γ' ἂν πάθοιμεν, εἰ πλήρης τύχοι 95
ὁ δῆμος ὤν, κἄπειθ' ὑπερβαίνουσά τις 96
ἀναβαλλομένη δείξειε τὸν Φορμίσιον. 97

ADNOTATIO CRITICA.

ante v. 88 versum excidisse intellexit Meinekius, quo Praxagora ex muliere altera sciscitata esset, quo consilio lanam attulisset. Lacunam indicat etiam ταυτί vocabulum, vere enim Elmsleius coniecit nunc in v. 88 scribendum esse: ἔγωγέ τοι pro ταυτί γέ τοι. — v. 91 ἅμα Dobraeus. — v. 82 ἀλλ' ἄγεθ' Dindorfius. — vv. 82—85 post v. 94 transposuit Anzius. — v. 83 τἄστρα Cobetus.

SCRIPTURAE DISCREPANTIA.

vv. 82—100 in codicibus ordo is est, quem numeri supra in margine appicti indicant. ‖ v. 88 *ΓΓ. Β.*] om. *R ἄλλη* adscr. *R²  ἄλλη* est in *N* omm. *ΑΒΓ* | ταυτί] ταυτὶ *ΒΝ* | τὸν *Δί'*] τὸν δία *Γ* ‖ v. 89 ξαίνοιμι] corr. ex ξαίνοι *R* ‖ v. 90 ΠΡΑ.] — *RA* omm. *ΒΓ* | *ΓΓ. Β.*] : *R* γυνὴ *N* omm. *ΑΒΓ* ‖ v. 91 ἀκροώμην] ἀκρυώμην *RΓN* ἀκουοίμην *Β* | ἅμα] ἅρα *RΑΒΓN* ‖ v. 92 γυμνὰ] γυμὰ *Α* | δ' ἐστί] δ' ἔστι *ΑΓ* | μοι] μου *ΑΒΓN* ‖ v. 93 *ΠΡΑ.*] — *RA* omm. *ΒΓ* | ἰδού γέ σε] ἰδού γε σε *R* ἰδοὺ γέ σε *ΑΒΓ* ἰδοὺ γε σε *Ν* | ἢν] ἢν *R* ἢν *Ν* ‖ v. 94 παραφῆναι] παραφανῆναι *Γ* ‖ v. 82 versui praefixit γυνή *R²* γυνή est etiam in *N* | ἀλλ' ἄγεθ'] γεθ' (omissis ἀλλ' ἄ in lacuna) *R* λέγεθ' *ΑΓΝ* λέγοιθ' *Β* | τἀπὶ] τὰ 'πί *Γ* ‖ v. 83 ἐστὶ τἄστρα] ἐστὶν ἄστρα *ΡΑΒΓ* ἔστιν ἄστρα *Ν* | οὐρανόν] corr. ex οὐρανὸν *R* ‖ v. 84 ἠκκλησία] ἡ 'κκλησία *RΑΝ* ἐκκλησία *Β* ἤκκλησία *Γ* ‖ v. 85 omissus est in *ΒΓ* | ἐξ ἕω] ἐξέω *R* ‖ v. 95 versui praefixum erat —, sed deletum a prima manu in *R* | οὐκοῦν] οὐκ' οὖν *R* οὐκ ἂν *ΑΒ* οὐκ ἂν *Γ* | καλά γ'] καλὰ γ' *ΑΒ* καλὰ γ' corr. ex κάλα γ' *N* | πλήρης] πλ (quae erant post πλ litterae ras. deletae sunt) *Γ* ‖ v. 96 ὤν] ὦν *R* | κἄπειθ'] κ' ἄπειθ' *R* | τις] τε *N* ‖ v. 97 δείξειε] δείξειεν *R* | τὸν Φορμίσιον] τὴν φυρμίσιον *Α Γ Β* (in ras. est η in τὴν, et

12 ΕΚΚΛΗΣΙΑΖΟΤΣΑΙ.

ΓΤ. Ἀ. νὴ τὸν Δί', ὥστε δεῖ σε καταλαβεῖν ἕδρας 86
ὑπὸ τῷ λίθῳ τῶν πρυτάνεων καταντικρύ. 87
ΠΡΑ. ἦν δ' ἐγκαθεζώμεσθα πρότεραι, λήσομεν 98
ξυστειλάμεναι θαἰμάτια· τὸν πώγωνά τε 99
ὅταν καθῶμεν, ὂν περιδησόμεσθ' ἐκεῖ, 100
τίς οὐκ ἂν ἡμᾶς ἄνδρας ἡγήσαιθ' ὁρῶν;
ΓΤ. Α. Ἀγύρριος γοῦν τὸν Προνόμου πώγων' ἔχων
λέληθε· καίτοι πρότερον ἦν χοὖτος γυνή·
νυνὶ δ', ὁρᾶς, πράττει τὰ μέγιστ' ἐν τῇ πόλει.
ΠΡΑ. τούτου γέ τοι νὴ τὴν ἐπιοῦσαν ἡμέραν 105
τόλμημα τολμῶμεν τοσοῦτον εἵνεκα,
ἤν πως παραλαβεῖν τῆς πόλεως τὰ πράγματα

ADNOTATIO CRITICA.

vv. 86—87 post v. 97 transposui. — v. 98 ἐγκαθεζώμεσθα Dindorfius. — v. 103 pro οὗτος scripsi χοὖτος. — v. 105 nescio, an pro νὴ τὴν ἐπιοῦσαν ἡμέραν scribendum sit: νὴ τὴν ἐπιοῦσαν νὖν Ἕω. — v. 106 εἵνεκα scripsi (pro οὔνεκα codicum) Wecklinium secutus.

SCRIPTURAE DISCREPANTIA.

ρ, quod omissum erat, supra versum adscriptum et prius ί in ras.
in φορμίσιον B) ‖ v. 86 ΓΤ. Α.] — RA πρᾳ N omm. ΒΓ | ἕδρας]
ἕδρας Γ ‖ v. 87 τῷ λίθῳ] τῶ λίθω ΑΒΓΝ | τῶν πρυτάνεων] τῶ
πρυτάνεω B τῷ πρυτάνεω Γ τῶν πρατάνεων N | καταντικρύ] κατ'
ἀντικρύ corr. ex κατ' ἀντικρὺ R κατ' ἀντικρύ est in ΑΓ κατ' ἀντικώ N ‖ v. 98 ΠΡΑ.] omm. RΑΒΓΝ | ἦν] ἠὐ R | ἐγκαθεζώμεσθα] ἐγκαθιζώμεσθα RAN αὖ καθεζώμεσθα B ἐκαθεζόμεθα Γ | πρότεραι] πότερα Γ | πρότεραι λήσομεν in ras. scr. R², scriptum erat, ut videtur: τὸν πώγωνα τε R ‖ v. 99 om. R,
in margine adscr. R² | ξυστειλάμεναι] συστειλάμεναί B συστειλάμεναι Γ | θαἰμάτια] θαιμάτια R²N θοιμάτια A θοίμάτια B θ' αἰμάτια Γ | πώγωνά τε] πώγωνα τε R² πώγωνὰ τε A ‖ v. 100 ὅταν]
ὅτ' ἂν RΓΝ | περιδησόμεσθ'] περ δησόμεσθ' N ‖ v. 101 οὐκ]
οὐκ' R δ' οὐκ B | ἡγήσαιθ'] ἡγήσεθ' RN ‖ v. 102 ΓΤ. Α.] —
RA omm. BΓN | Ἀγύρριος] ἀργύριος B ἀγύρριός Γ | γοῦν] γ'
οὖν RΓN | Προνόμου] πρὸ νόμου N | πώγων'] corr. ex πώγων'
in ras. est apostrophus R ‖ v. 103 λέληθε] λέληθεν N | πρότερον
καίτοι transpos. ΒΓ | ἦν] ἦν R ἦν Γ | χοὖτος] οὖτος RΑΒΓΝ ‖
v. 104 δ', ὁρᾶς] δ' ὁρᾷς R δ' ὁρᾶς ΑΒΓ δορᾶς N | τὰ] om.
N | τῇ] τῆ ΑΒΓN ‖ v. 105 ΠΡΑ.] — R omm. ΑΒΓN | τὴν]
corr. ex τὴν R ‖ v. 106 εἵνεκα] οὖνεκα RΑΒΓN ‖ v. 107 ἦν]
ἦν R

ΕΚΚΛΗΣΙΑΖΟΤΣΑΙ. 13

δυνώμεθ', ὥστ' ἀγαθόν τι πρᾶξαι τὴν πόλιν·
νῦν μὲν γὰρ οὔτε θέομεν οὔτ' ἐλαύνομεν.
ΓΤ. Α. καὶ πῶς γυναικῶν θηλύφρων ξυνουσία 110
δημηγορήσει; ΠΡΑ. πολὺ μὲν οὖν ἄριστά που.
λέγουσι γὰρ καὶ τῶν νεανίσκων ὅσοι
πλεῖστα σποδοῦνται, δεινοτάτους εἶναι λέγειν·
ἡμῖν δ' ὑπάρχει τοῦτο κατὰ τύχην τινά.
ΓΤ. Α. οὐκ οἶδα· δεινόν ἐστιν ἡ μὴ 'μπειρία. 115
ΠΡΑ. οὐκοῦν ἐπίτηδες ξυνελέγημεν ἐνθάδε,
ὅπως προμελετήσαιμεν ἀκεῖ δεῖ λέγειν.
οὐκ ἂν φθάνοις τὸ γένειον ἂν περιδουμένη,
ἄλλαι θ' ὅσαι λαλεῖν μεμελετήκασί που;
ΓΤ. Α. τίς δ', ὦ μέλ', ἡμῶν οὐ λαλεῖν ἐπίσταται; 120
ΠΡΑ. ἴθι δὴ σὺ περιδοῦ καὶ ταχέως ἀνὴρ γενοῦ·
ἐγὼ δὲ θεῖσα τὸν στέφανον περιδήσομαι

ADNOTATIO CRITICA.

v. 117 προμελετήσαιμεν Kiddius. — v. 119 ἄλλαι Meinekius. — v. 122 τὸν στέφανον Cobetus.

SCRIPTURAE DISCREPANTIA.

v. 108 δυνώμεθ] δηνώμεθ' (sed etiam δυνώμεθ' legi posse videtur) N | ἀγαθόν τι] ἀγαθὸν τι ΓΝ | πρᾶξαι] πρᾶξαι RN ‖ v. 109 θέομεν] corr. ex θεόμεν R ‖ v. 110 ΓΤ. Α.] — R γυνὴ N omm. ΑΒΓ | ξυνουσία] ἐξουσία N ‖ v. 111 ΠΡΑ.] : R omm. ΑΒΓ | οὖν] οὖν Γ om. Α | ἄριστά που] ἄριστα που Γ ‖ v. 112 ὅσοι] ἀπὸ ΒΓ ὅσα N ‖ v. 113 πλεῖστα] πλεῖσται Γ ‖ v. 114 τινά] corr. ex τινὰ R ‖ vv. 114 et 115 unum versum efficiunt in Γ ‖ v. 115 ΓΤ. Α.] — R γυνὴ N omm. ΑΒΓ | οὐκ] corr. ex οὐκ' R | δεινόν ἐστιν] δεινόν (sic) δ' εστιν R δεινὸν δ' ἐστὶν Ν (δεινόν ἐστιν Α δεινὸν ἐστὶν ΒΓ) | ἡ μὴ 'μπειρία] ἡ 'μὴ 'μπειρία RN ἡ μημι 'πειρία Γ ‖ v. 116 ΠΡΑ.] — RA omm. ΒΓ | οὐκοῦν] οὔκουν (supra o alterum spir. eras.) R οὔκουν est etiam in ΑΓ | ξυνελέγημεν] corr. ex ξυνελεγημεν R² ‖ vv. 116 et 117 unum versum efficiunt in Γ ‖ v. 117 προμελετήσαιμεν] προμελετήσωμεν RAGN προμελετήσωμέν που Β | ἀκεῖ] ἀ 'κεῖ R ἀ 'κεῖ ΑΝ ἀ ΒΓ ‖ v. 118 versui praefixum est — RA | οὐκ] οὐκ' R | ἂν] om. B | in γένειον] prius v in ras. est, sed a prima manu Β | περιδουμένη] περιδομένη R περιδυμένη Β ‖ v. 119 ἄλλαι] ἄλλαι RABΓN | μεμελετήκασί] corr. ex μεμετήκασί R² | που] γέ που Β ‖ v. 120 ΓΤ. Α.] — RA γυνὴ N omm. ΒΓ | ὦ] ὠ Γ ‖ v. 121 ΠΡΑ.] — RA omm. ΒΓ | περιδοῦ] περίδου RAΓN ‖ v. 122 τὸν στέφανον] τοὺς στεφάνους RAΓN τοῖς στεφάνοις Β

14 ΕΚΚΛΗΣΙΑΖΟΤΣΑΙ.

καὐτὴ μεθ' ὑμῶν, ἤν τί μοι δόξῃ λέγειν.
ΓΓ. Α. δεῦρ', ὦ γλυκυτάτη Πραξαγόρα, σκέψαι, τάλαν,
οὐ καταγέλαστόν σοι τὸ πρᾶγμα φαίνεται; 125
ΠΡΑ. πῶς καταγέλαστον; ΓΓ. Α. ὥσπερ εἴ τις σηπίαις
πώγωνα περιδήσειεν ἐσταθευμέναις.
ΠΡΑ. ὁ περιστίαρχος, περιφέρειν χρὴ τὴν γαλῆν.
πάριτ' ἐς τὸ πρόσθεν. Ἀρίφραδες, παῦσαι λαλῶν,
κάθιζε. πάριτε. τίς ἀγορεύειν βούλεται; 130
ΓΓ. Α. ἐγώ. ΠΡΑ. περίθου δὴ τὸν στέφανον τύχἀγαθῇ.
ΓΓ. Α. ἰδού. ΠΡΑ. λέγοις ἄν. ΓΓ. Α. εἶτα πρὶν πιεῖν λέγω;
ΠΡΑ. ἰδοὺ πιεῖν. ΓΓ. Α. τί γάρ, ὦ μέλ', ἐστεφανωσάμην;
ΠΡΑ. ἄπιθ' ἐκποδών· τοιαῦτ' ἂν ἡμᾶς εἰργάσω
κἀκεῖ. ΓΓ. Α. τί δ'; οὐ πίνουσι κἂν τῇκκλησίᾳ;

ADNOTATIO CRITICA.

v. 125 οὐ καταγέλαστόν σοι Cobetus. — v. 128 τὴν γαλῆν·voc. mihi dubitationem movet, coniecerim Aristophanem scripsisse: 'ς τοὔμπαλιν. — v. 130 κάθιζε. πάριτε. Blaydesius.

SCRIPTURAE DISCREPANTIA.

v. 123 καὐτὴ] κ' αὐτὴ Α | ὑμῶν] ἡμῶν (potest esse etiam ὑμῶν, sed illud verisimilius cfr. ad v. 108) Ν (υμῶν R) | τί μοι] τι μὴ BΓ' | δόξῃ] δόξει R δόξῃ ABΓ'N | λέγειν] in ras. corr. in λέξειν R² ‖ v. 124 ΓΓ. Α.] — Α γυνὴ Ν omm. RBΓ | ante σκέψαι] spatium relictum in Α | τάλαν] corr. prima manus ex λάλαν N ‖ v. 125 οὐ καταγελαστόν σοι] ὡς καὶ καταγέλαστον RABΓ'N ‖ v. 126 ΠΡΑ.] — RA omm. BΓ', ΓΓ. Α.] γυνὴ Ν omm. RABΓ' | ὥσπερ εἴ τις] ὥσπερεί τις R ὥσπερεί τις Ν ‖ v. 127 ἐσταθευμέναις] ἐσταθευμέναις Γ' ‖ v. 128 ΠΡΑ.] — Α omm.RBΓ' | περιφέρειν] περὶ φέρειν R φέρειν ABΓ' | γαλῆν] γαλὴν RA γαλὴν Γ' ‖ v. 129 πάριτ'] ras. corr. ex πάριιτ' R ‖ v. 130 πάριτε] παριών RΓ παριών ABN ‖ v. 131 ΓΓ. Α.] — RA γυνὴ Ν omm. BΓ' | ΠΡΑ.] : R omm. ABΓ' | περίθου] παράθου BΓ περάθου Ν | τύχ. ἀγαθῇ] τύχ' ἀγαθῇ AN τύχηγαθῇ Β τύχ' ἀγαθῇ Γ' ‖ v. 132 ΓΓ. Α.| — Α γυνὴ Ν omm. RBΓ | ΠΡΑ.] : R omm. ABΓ' | ΓΓ. Α.] : R γυνὴ Ν omm. BΓ ÷ (atramento :, minio ~ pictum) Α ‖ v. 133 ΠΡΑ.] — R omm. ABΓ' | ΓΓ. Α.] γυνὴ Ν omm. RABΓ' | τί] τὶ Β ‖ v. 134 ΠΡΑ.] — RA omm. BΓ | ἄπιθ'] ἄπιτεθ' Γ | ἐκποδών] ἐκποδῶν RAΓN | τοιαῦτ'] : τοιαῦτ' R | εἰργάσω] ἐργάσω Γ' ‖ v. 135 κἀκεῖ] κακεῖ RΓ' | ΓΓ. Α.] γυνὴ Ν ÷ (: atram. ~ minio) Α omm. RBΓ | τί δ'; οὐ] τί δ' οὐ RAΓN τὶ δ' οὐ Ν | πίνουσι] πίνουσιν ΒΓ | κἂν] κ' ἂν R ἐν Β ἂν Γ | τῇκκλησίᾳ] τῆι κλησίᾳ R τῆ 'κκλησία ABΓN

ΕΚΚΛΗΣΙΑΖΟΤΣΑΙ. 15

ΠΡΑ. *ἰδού γέ σοι πίνουσι.* ΓΤ. *Α. νὴ τὴν Ἄρτεμιν,* 136
*καὶ ταῦτά γ᾽ εὔζωρον. τὰ γοῦν βουλεύματα*
*αὑτῶν ὅσ᾽ ἂν πράξωσιν ἐνθυμουμένοις*
*ὥσπερ μεθυόντων ἐστὶ παραπεπληγμένα.*
*καὶ νὴ Δία σπένδουσί γ᾽· ἦ τίνος χάριν* 140
*τοσαῦτ᾽ ἂν ηὔχοντ᾽, εἴπερ οἶνος μὴ παρῆν;*
*καὶ λοιδοροῦνταί γ᾽ ὥσπερ ἐμπεπωκότες,*
*καὶ τὸν παροινοῦντ᾽ ἐκφέρουσ᾽ οἱ τοξόται.*
ΠΡΑ. *σὺ μὲν βάδιζε καὶ κάθησ᾽· οὐδὲν γὰρ εἶ.*
ΓΤ. *Α. νὴ τὸν Δί᾽, ἥ μοι μὴ γενειᾶν κρεῖττον ἦν·* 145
*δίψῃ γάρ, ὡς ἔοικ᾽, ἀφανανθήσομαι.*
ΠΡΑ. *ἔσθ᾽ ἥτις ἑτέρα βούλεται λέγειν;* ΓΤ. *Β. ἐγώ.*
ΠΡΑ. *ἴθι δὴ στεφανοῦ· καὶ γὰρ τὸ χρῆμ᾽ ἐργάζεται.*
*ἄγε νυν ὅπως ἀνδριστὶ καὶ καλῶς ἐρεῖς,*

ADNOTATIO CRITICA.

v. 141 τοσαῦτ᾽ ἂν Dindorfius. — v. 142 ἐμπεπωκότες Scaliger.

SCRIPTURAE DISCREPANTIA.

v. 136 ΠΡΑ.] — R omm. ΑΒΓ | ἰδού γε] ἰδοὺ γε RABN | πίνουσι] πίνουσιν RN (πίνουσι; A) | ΓΤ. Α.] : R γυνὴ N omm. ΑΒΓ || v. 137 ταῦτά γ᾽] ταῦτα γ᾽ ΑΓΝ | γοῦν] γ᾽ οἷν R || v. 138 ὅσ᾽] ὅσοι N | ἐνθυμουμένοις] εὐθυμουμένοις A || v. 139 ἐστὶ] ἐστὶν Γ (ἐστὶ, N) || v. 140 σπένδουσί] σπεύδουσί AB | γ᾽] γε ΑΓ | τίνος | ras. corr. ex τίνας R τινὸς est in N || v. 141 τοσαῦτ᾽ ἂν ηὔχοντ᾽] τοσαῦτά γ᾽ εὔχοντο R τοσαῦτα γ᾽ εὔχονται A τοσαῦτα γ᾽ εὔχοντ᾽ B τοσαῦτ᾽ εὔχονται Γ τοσαῦτ᾽ ἔχοντ᾽ N | omissa sunt in vv. 141 et 142 verba ab οἶνος incl. usque ad ὥσπερ incl., reliqua unum versum efficiunt ΑΒΓ || v. 142 λοιδοροῦνταί γ᾽] λοιδοροῦνται γ᾽ N | ἐμπεπωκότες] ἐκπεπωκότες R ἐμπεπτωκότες ΔΝ ἐκπεπτωκότες ΒΓ || v. 143 παροινοῦντ᾽] παρ᾽ οἰνοῦντ᾽ R | ἐκφέρουσ᾽] ἐκφέρουσιν ΑΓ || v. 144 ΠΡΑ.] — RA omm. ΒΓ | κάθησ᾽] κάθιζε ΑΓ κάθιζ᾽ ΒΝ || v. 145 ΓΤ. Α.] — RA γυνὴ N omm. ΒΓ | Δί᾽] δί A | ἥ] η in rasura duarum litterarum scr. R² || v. 146 δίψῃ γάρ] δίψει γὰρ RAN δίψη γὰρ Γ | ἔοικ᾽] ἔοικε ΑΒΓ | ἀφανανθήσομαι] αφανανθήσομαι ex αφανθήσομαι corr. R² φαναντθήσομαι est in ΑΒΓ || v. 147 ΠΡΑ.] — R omm. ΑΒΓ | ΓΤ. Β.] : R γυνὴ N omm. ΑΒΓ || v. 148 ΠΡΑ.] — R omm. ΑΒΓ || v. 149 versui praefixum est — in R | νυν] νῦν RAΓN | καὶ] errore omissum postea inser. R

διερεισαμένη τὸ σχῆμα τῇ βακτηρίᾳ. 150
ΓΓ. Β. ἐβουλόμην μὲν ἂν ἕτερον τῶν ἡθάδων
λέγειν τὰ βέλτισθ', ἵν' ἐκαθήμην ἥσυχος·
νῦν δ' οὐκ ἐάσω κατά γε τὴν ἐμήν τινας
ἐν τοῖς καπηλείοισι λάκκους ἐμποιεῖν
ὕδατος. ἐμοὶ μὲν οὐ δοκεῖ μὰ τὼ θεώ. 155
ΠΡΑ. μὰ τὼ θεώ; τάλαινα, ποῦ τὸν νοῦν ἔχεις;
ΓΓ. Β. τί δ' ἐστιν; οὐ γὰρ δὴ πιεῖν γ' ᾔτησά σε.
ΠΡΑ. μὰ Δί', ἀλλ' ἀνὴρ ὢν τὼ θεὼ κατώμοσας,
καίτοι τά γ' ἄλλ' εἶπας σὺ δεξιώτατα.
ΓΓ. Β. ὦ νὴ τὸν Ἀπόλλω. ΠΡΑ. παῦε τοίνυν, ὡς ἐγὼ 160
ἐκκλησιάσουσ' οὐκ ἂν προβαίην τὸν πόδα

ADNOTATIO CRITICA.

v. 150 διερεισαμένη Schaeferus. — v. 153 pro μίαν codicum scripsi τινας, sed fortasse gravior latet corruptela, ut versus scribendus sit: ἐάσομεν δ ̓ οὐ κατά γε τὴν ἐμοῦ τινας, atque μίαν ortum est ex eius modi fere interpretamento: κατὰ τὴν ἐμοῦ μιᾶς γνώμην. — v. 159 εἶπας σὺ Blaydesius. — v. 161 ἐκκλησιάσουσ' Kusterus.

SCRIPTURAE DISCREPANTIA.

v. 150 —, quod versui praefixum erat, del. prima manus in R | διερεισαμένη] διερεισμένη corr. ex διερεῖσ (vel διερεῖσ) μὲν ἡ in R διερεισμένη est in ABΓN | τῇ βακτηρίᾳ] τῆς βακτηρίας ABΓ τῇ βακτηρία N ‖ v. 151 ΓΓ. B.] — A γυνὴ N omm. RBΓ | ἂν ἕτερον] ἕτερον ἂν R ἂν τὸν ἕτερον AΓ ἑτέρων ἂν N ‖ v. 152 ἵν' ἐκαθήμην] ἣν εκαθήμην R ‖ v. 153 κατά γε] κάτα γε Γ | τινας] μίαν RABΓN ‖ v. 154 τοῖς] τοῖσι RN ‖ v. 155 μὰ τὼ] μα τῶ corr. ex μετα R ‖ v. 156 ΠΡΑ.] — RA omm. BΓ | τάλαινα, ποῦ] τάλαιναι : ποῦ R | super τὸν scriptum est ον in A ❙ post v. 156 suo versu est: — τί γὰρ δὴ π, quae del. prima manus R ‖ v. 157 ΓΓ. B.] — A γυνὴ N omm. RBΓ | ἔστιν] ἐστὶν R ἐστιν ABΓN | δὴ] δεῖ N | γ'] omm. ABΓN | ᾔτησά] ᾔτησά corr. ex ᾔτησα R ᾔτησά est in AΓN ᾔτησα B ‖ v. 158 ΠΡΑ.] — R omm. BΓ | τὼ] τῶ ras. corr. ex τῶν R | omissus est v. 158 parte codicis abscissa, item v. 160, v. 162 e. c. in A ‖ v. 159 καίτοι] καὶ τοι N | τά γ'] τὰ γ' N | ἄλλ'] om. R supra versum adscr. αλλ' R² ἀλλ' est in Γ ἄλλα N | εἶπας σὺ] εἰπούσα RABΓN ‖ v. 160 ΓΓ. B.] erat —, sed erasum est R γυνὴ N omm. BΓ | ὦ] ὦ RN] Ἀπόλλω] ἀπόλλω· R ἀπόλλωνα Γ | ΠΡΑ.] omm. RBΓ | versus 160 omissus est in A ‖ v. 161 ἐκκλησιάσουσ'] ἐκκλησιάζουσ' corr. ex ἐκκλησιάζουμπρο R ἐκκλησιάζουσ' ABΓN | οὐκ] οὐκ' R οὐ B | ἂν] om. B | τὸν πόδα· suum versum efficit in R

ΕΚΚΛΗΣΙΑΖΟΤΣΑΙ. 17

   τὸν ἕτερον, εἰ μὴ ταῦτ' ἀκριβωθήσεται.
ΓΥ. Β. φέρε τὸν στέφανον· ἐγὼ γὰρ αὖ λέξω πάλιν.
   οἶμαι γὰρ ἤδη μεμελετηκέναι καλῶς.
   ἐμοὶ γάρ, ὦ γυναῖκες αἱ καθήμεναι,        165
ΠΡΑ. γυναῖκας, ὦ δύστηνε, τοὺς ἄνδρας λέγεις;
ΓΥ. Β. δι' Ἐπίγονόν γ' ἐκεινονί· βλέψασα γὰρ
   ἐκεῖσε πρὸς γυναῖκας ᾠόμην λέγειν.
ΠΡΑ. ἄπερρε καὶ σὺ καὶ κάθησ' ἐντευθενί.
   αὐτὴ γὰρ ὑμῶν γ' ἕνεκά μοι λέξειν δοκῶ,    170
   τονδὶ λαβοῦσα· τοῖς θεοῖς μὲν εὔχομαι
   τυχεῖν κατορθώσασα τὰ βεβουλευμένα.
   ἐμοὶ δ' ἴσον μὲν τῆσδε τῆς χώρας μέτα
   ὅσονπερ ὑμῖν· ἄχθομαι δὲ καὶ φέρω
   τὰ τῆς πόλεως ἅπαντα βαρέως πράγματα.    175
   ὁρῶ γὰρ αὐτὴν προστάταισι χρωμένην
   ἀεὶ πονηροῖς· κἄν τις ἡμέραν μίαν
   χρηστὸς γένηται, δέκα πονηρὸς γίγνεται.

ADNOTATIO CRITICA.

v. 167 ἐκεινονί· βλέψασα Elmsleius.

SCRIPTURAE DISCREPANTIA.

v. 162 ἕτερον] corr. ex ἕτερα *R* | ἀκριβωθήσεται] ἀκριβωθήσαιται corr. ex ακριβωθήσαι *R*² | non legitur versus 162 in *A* ‖ v. 163 ΓΥ. Β.] — *RA* ἡ πρὸ<sup>τερ</sup> γυνὴ *N* omm. *ΒΓ* ‖ v. 164 μεμελετηκέναι] corr. ex μεμελημελιωκέναι vel μεμελημεμωκέναι *R* | non legitur versus 164 in *A* ‖ v. 165 καθήμεναι] καθημενη *R* ‖ v. 166 *ΠΡΑ.*] — *R* omm. *Β Γ'* | ὦ] αὖ *RN* | non legitur versus 166 in *A* ‖ v. 167 *ΓΥ. Β.*] — *RA* γυνὴ *N* omm. *ΒΓ* | δι' Ἐπίγονόν γ' ἐκεινονί] δι' επίγονόν γ' εκεῖνον *R* δι' ἐπίγονόν γ' ἐκεῖνον *ΑΝ* διεπίγονόν τ' ἐκεῖνον *Β* διεπίγονόν γ' ἐκεῖνον *Γ* | βλέψασα] ἔπι (corr. ex εἴ τι) βλέψασα *R* ἐπιβλέψασα *ΑΒΓ* εἴ τι βλέψασα *Ν* ‖ v. 168 ᾠόμην] ᾠόμη *R* ᾠόμην *BN* | non legitur versus 168 in *A* ‖ v. 169 *ΠΡΑ.*] — *RA* omm. *ΒΓ* | ἄπερρε] ἔπερρε *Γ* | κάθησ'] κάθησθ' *ΑΒΓΝ* | ἐντευθενί] εντευνί *R* corr. in εντευθενί *R*² ‖ v. 170 γ' ἕνεκά] ἕνεκά *R* | non legitur posterior pars versus a γ' ἕνεκά incl. in *A* ‖ v. 171 τονδὶ] τὸν δὴ *R* τὸνδὶ *ΑΝ* ‖ v. 172 κατορθώσασα] κατορθώσας *ΑΓ* ‖ v. 173 ἴσον] ἴσον *Ν* | τῆσδε] τῆς δὲ *Γ* | inter χώρας et μέτα lacuna est in *R* ‖ v. 174 ὅσονπερ] ὅσον παρ' *Ν* ‖ v. 175 βαρέως πράγματα] πράγματα βαρέως *ΑΒΓ* ‖ v. 176 προστάταισι] προστατᾳσι corr. ex προστάταισι *R* ‖ v. 177 κἄν] κ' ἄν *R* ‖ v. 178 πονηρὸς] πόνηρος *Ν*

ΕΚΚΛΗΣΙΑΖΟΤΣΑΙ.

ἐπέτρεψας ἑτέρῳ· πλείον᾽ ἔτι δράσει κακά.
χαλεπὸν μὲν οὖν ἄνδρας δυσαρέστους νουθετεῖν,
οἳ τοὺς φιλεῖν μὲν βουλομένους δεδοίκατε, 181
τοὺς δ᾽ οὐκ ἐθέλοντας ἀντιβολεῖθ᾽ ἑκάστοτε..
ἐκκλησίαισιν ἦν ὅτ᾽ οὐκ ἐχρώμεθα
οὐδὲν τὸ παράπαν· ἀλλὰ τόν γ᾽ Ἀγύρριον
πονηρὸν ἡγούμεσθα· νῦν δὲ χρωμένων 185
ὁ μὲν λαβὼν ἀργύριον ὑπερεπῄνεσεν,
ὁ δ᾽ οὐ λαβὼν εἶναι θανάτου φήσ᾽ ἀξίους
τοὺς μισθοφορεῖν ζητοῦντας ἐν τἠκκλησίᾳ.
ΓΥ. Α. νὴ τὴν Ἀφροδίτην, εὖ γε ταυταγὶ λέγεις.
ΠΡΑ. τάλαιν᾽, Ἀφροδίτην ὤμοσας; χαρίεντά γ᾽ ἂν 190
ἔδρασας, εἰ τοῦτ᾽ εἶπας ἐν τἠκκλησίᾳ.
ΓΥ. Α. ἀλλ᾽ οὐκ ἂν εἶπον. ΠΡΑ. μηδ᾽ ἐθίζου νῦν λέγειν.
τὸ συμμαχικὸν αὖ τοῦθ᾽, ὅτ᾽ ἐσκοπούμεθα,
εἰ μὴ γένοιτ᾽, ἀπολεῖν ἔφασκον τὴν πόλιν·
ὅτε δὴ δ᾽ ἐγένετ᾽, ἤχθοντο, τῶν δὲ ῥητόρων 195

ADNOTATIO CRITICA.

v. 190 ὤμοσας Dobraeus.

SCRIPTURAE DISCREPANTIA.

v. 179 ἑτέρῳ] ἑτέρω *ABΓN* | πλείον᾽] πλεῖον *R* ‖ v. 180 οὖν] οὐν *Γ* | δυσαρέστους] δυσαρέτους *N* | νουθετεῖν] om. *R* ‖ v. 182 θ in ἀντιβολεῖθ᾽] in ras. est, sed a prima manu *B* | ἀντιβολεῖθ᾽ ἑκάστοτε] ἀντιβολεῖτ᾽ ἑκάστοτε *N* ‖ v. 183 ἦν] ἦν *RΓ* ἦν *AN* ‖ v. 185 ἡγούμεσθα] ἡγούμεθα *AΓ* | χρωμένων] χρώμεθα *B* ‖ v. 186 ὑπερεπῄνεσεν] ὑπερεπήνεσεν *ABN* ‖ v. 187 ὁ δ᾽] ὅδ᾽ *RAΓ* | φήσ᾽] φῆσ *RN* φῆσ *Γ* | ἀξίους] ἄξιος *A* ‖ v. 188 τοὺς μισθοφορεῖν ζητοῦντας] τοὺς μισθοφορούντας *ABΓ* | τἠκκλησίᾳ] τῇκκλησίαι *R* τῇ ἐκκλησία *AΓ* τῇ ᾽κκλησία *BN* ‖ v. 189 ΓΥ. Α.] — *RA* γυνή *N* omm. *BΓ* | ταυταγὶ] ταυτασί *N* ‖ v. 190 ΠΡΑ.] — *RA* omm. *BΓ* | ὤμοσας] ὠνόμασας *RAN* γ᾽ ὠνόμασας *BΓ* | χαρίεντά γ᾽ ἂν] χαρίεντ᾽ ἄγαν *B* χαρίεντα γ᾽ ἂν *N* | χαρίεντά γ᾽ ἂν verba suum versum efficiunt in *R* ‖ v. 191 τἠκκλησίᾳ] τῇ κκλησίαι *R* τῇ ᾽κκλησία *ABΙ'N* ‖ v. 192 ΓΥ. Α.] — *R* γυνή *N* omm. *ABΓ* | οὐκ] οὐχ᾽ *R* | ΠΡΑ.] omm. *RABΓ* | μηδ᾽] μὴ δ᾽ *RABΓN* | νῦν] ναῦ *Γ* ‖ v. 193 versui praefixum est — in *RA* | αὖ τοῦθ᾽] αὐτοῦ θ᾽ *R* | ὅτ᾽ ἐσκοπούμεθα] ὅτε σκοπούμεθα *A* ‖ v. 195 in textu omissus in margine adscriptus est a prima manu in *Γ* | δὴ δ᾽] δή γ᾽ *RN* | ἤχθοντο] ἤσθοντο *AB* | τῶν δὲ ῥητόρων] τῶν δερητόρων *R* καὶ τῶν ῥητόρων *B*

ὁ τοῦτ' ἀναπείσας εὐθὺς ἀποδρὰς ᾤχετο.
ναῦς δεῖ καθέλκειν· τῷ πένητι μὲν δοκεῖ,
τοῖς πλουσίοις δὲ καὶ γεωργοῖς οὐ δοκεῖ.
Κορινθίοις ἤχθεσθε, κἀκεῖνοί γέ σοι·
νῦν εἰσὶ χρηστοί, καὶ σὺ νῦν χρηστὸς γενοῦ.   200
Ἀργεῖος ἀμαθής, ἀλλ' Ἱερώνυμος σοφός·
σωτηρία παρέκυψεν, ἀλλ' ὠράζεται
Θρασύβουλος αὐτὸς οὐχὶ παρακαλούμενος.
ΓΥ. Α. ὡς ξυνετὸς ἀνήρ. ΠΡΑ. νῦν καλῶς ἐπῄνεσας.
ὑμεῖς γάρ ἐστ', ὦ δῆμε, τούτων αἴτιοι.   205
τὰ δημόσια γὰρ μισθοφοροῦντες χρήματα
ἰδίᾳ σκοπεῖσθ' ἕκαστος ὅ τι τις κερδανεῖ·
τὸ δὲ κοινὸν ὥσπερ Αἴσιμος κυλίνδεται.
ἢν οὖν ἐμοὶ πίθησθε, σωθήσεσθ' ἔτι.
ταῖς γὰρ γυναιξὶ φημὶ χρῆναι τὴν πόλιν   210
ἡμᾶς παραδοῦναι. καὶ γὰρ ἐν ταῖς οἰκίαις

ADNOTATIO CRITICA.

v. 199 ἤχθεσθε Reiskius. — v. 202 ὠράζεται Meinekius, ipse coniiceram: ἐρείδεται. — v. 204 ἀνήρ Dindorfius. — v. 209 πίθησθε Cobetus.

SCRIPTURAE DISCREPANTIA.

v. 196 ᾤχετο] ᾤχετο *ABN* | vv. 196 et 197 unum versum efficiunt in *Γ* ‖ v. 197 ναῦς] τὰς ναῦς *B* | δεῖ] δὲ *AB* δὴ *N* | καθέλκειν] καθέλκει *N* | τῷ πένητι] τῶ πένητι *AΓN* τοῖς πένησι *B* | μὲν] μέν σοι *AΓ* ‖ v. 198 καὶ] omm. *ABΓ* ‖ v. 199 ἤχθεσθε] ἄχθεσθαι *R* ἄχθεσθε *ABΓ* ἄχθεσθε corr. prima manus ex ἄχθεσθαι in *N* | κἀκεῖνοί γέ] κἀκεῖνοι γε *R* κἀκεῖνοι γε *AN* κἀκεῖνοι γέ *B* κἀκεῖνι γέ *Γ* | σοι] σοί corr. ex σοὶ *R* σοὶ est in *A* | v. 199 in ipso contextu omissus in margine adscriptus est a prima manu in *Γ* ‖ v. 200 εἰσὶ] εἰσι *A* | νῦν] om. *B* | χρηστὸς γενοῦ] in ras. scr. σ γεν *R*² γενοῦ χρηστός tr. est in *ABΓ* | vv. 200 et 201 unum versum efficiunt in *Γ* ‖ v. 202 ὠράζεται] ὀρείζεται *R* οὐχ' ὁρίζεται *AΓ* οὐ χρῄζετε *B* ὀρίζεται *N* ‖ v. 204 ΓΥ. Α.] — *A* γυνὴ *N* omm. *RBΓ* | ἀνήρ] ἀνὴρ *RABΓN* | ΠΡΑ.] omm. *RABΓ* | ἐπῄνεσας] ἐπήνεσας *ABΓN* ‖ v. 205 versui praefixum est — in *RA* | γὰρ ἐστ'] γὰρ ἔστ' *RBΓ* γὰρ ὦστ' *A* γ' ἆρ' ἔστ' *N* ‖ v. 207 ἰδίᾳ] ἰδία *ABΓN* | σκοπεῖσθ'] σκοπεῖς *ABΓ* | ὅ τι] ὅ, τι *A* | τις] τίς *RN* τί *ABΓ* | κερδανεῖ] κερδανεὶς *A* ‖ v. 208 Αἴσιμος] ex ἄσιμος corr. *R* ‖ v. 209 ἢν] ἤν *R* | οὖν] οὖν *Γ* | πίθησθε] πείθησθε *RAΓ* η in πειθησθε in ras. est, sed a prima manu in *B* πείθεσθε est in *N* ‖ v. 211 ἡ in ἡμᾶς] in ras. est, sed a prima manu in *B* | παραδοῦναι] παρὰ δοῦναι *R*

ταύταις ἐπιτρόποις καὶ ταμίαισι χρώμεθα.
*ΓΤ. Α.* εὖ γ', εὖ γε νὴ Δί', εὖ γε. *ΓΤ. Β.* λέγε, λέγ', ὠγαθέ.
*ΠΡΑ.* ὡς δ' εἰσὶν ἡμῶν τοὺς τρόπους βελτίονες
ἐγὼ διδάξω. πρῶτα μὲν γὰρ τἄρια       215
βάπτουσι θερμῷ κατὰ τὸν ἀρχαῖον νόμον
ἁπαξάπασαι, κοὐχὶ μεταπειρωμένας
ἴδοις ἂν αὐτάς. ἡ δ' Ἀθηναίων πόλις,
εἰ τοῦτο χρηστῶς εἶχεν, οὐκ ἂν ἐσώζετο,
εἰ μή τι καινὸν ἄλλο περιειργάζετο·       220
καθήμεναι φρύγουσιν ὥσπερ καὶ πρὸ τοῦ·
ἐπὶ τῆς κεφαλῆς φέρουσιν ὥσπερ καὶ πρὸ τοῦ·
τὰ Θεσμοφόρι' ἄγουσιν ὥσπερ καὶ πρὸ τοῦ·
πέττουσι τοὺς πλακοῦντας ὥσπερ καὶ πρὸ τοῦ·
τοὺς ἄνδρας ἐπιτρίβουσιν ὥσπερ καὶ πρὸ τοῦ·
μοιχοὺς ἔχουσιν ἔνδον ὥσπερ καὶ πρὸ τοῦ·       225
αὑταῖς παροψωνοῦσιν ὥσπερ καὶ πρὸ τοῦ·
πιεῖν φιλοῦσ' εὔζωρον ὥσπερ καὶ πρὸ τοῦ·

ADNOTATIO CRITICA.

v. 213 ante λέγε Bergkius inseruit: *ΓΤ.' Β.* — v. 227 πιεῖν φιλοῦσ' εὔζωρον Cobetus.

SCRIPTURAE DISCREPANTIA.

v. 212 ἐπιτρόποις] ἐπὶ τρόποις Γ | ταμίαισι] ταμίαις *AB* ||
v. 213 *ΓΤ. Α.*] — *ΡΑ* γυνή *Ν* omm. *Β Γ* | εὖ γ'] εὖ γε *Α Γ* |
*ΓΤ. Β.*] omm. *RABΓN* | ὠγαθέ] ὦ 'γαθέ *ΑΓ* ὦ 'γαθὲ *BN* ||
v. 214 *ΠΡΑ.*] — *Α* omm. *RBΓ* | εἰσὶν] εἰσιν *R* | βελτίονες]
βελτίωνες *Ν* || v. 215 μὲν γὰρ] μέν γαρ *R* | τἄρια] τ' ἄρια
*Γ* || v. 216 βάπτουσι] βλάπτουσι *Ν* | θερμῷ] θερμῶ *ΑΒΓΝ* ||
v. 217 ἁπαξάπασαι] ἅπαξ ἅπασαι *R* | κοὐχὶ] κ' οὐχὶ *R* | μεταπει-
ρωμένας] μετὰ πειρωμένας *Ν* || v. 219 οὐκ] οὐκ' *R* | ἂν ἐσώζετο]
ἂν ἐσώϊζετο *R* ἀνεσώζετο *Ν* || v. 220 μή τι] μή τι γε *Β* μὴ κ *Ν* |
καινὸν] κακὸν *ΒΓ* | ἄλλο] ex ἀλλότριον corr. $R^2$ || v. 221 ὥσπερ]
ὥσπερ *R* | πρὸ τοῦ] προτοῦ *RABΓN* || v. 222 πρὸ τοῦ] προτοῦ
*ΑΒΓΝ* || v. 223 a om. *R*, in margine adscr. $R^2$ | Θεσμοφόρι']
Θεσμοφόρ' *Γ* | πρὸ τοῦ] προτοῦ *RABΓN* || v. 223 b omm. *ABΓN* |
πρὸ τοῦ] προτοῦ *R* || v. 224 ὥσπερ] ὥσπερ *Γ* | πρὸ τοῦ] προτοῦ
*RABΓN* || v. 225 πρὸ τοῦ] προτοῦ *RABΓN* || v. 226 αὑταῖς]
αὐταῖς *RAΓN* | παροψωνοῦσιν] παροψονοῦσιν *Α* in ras. est παρο
in παροψωνοῦσιν *Γ* | πρὸ τοῦ] προτοῦ *RABN* || v. 227 πιεῖν
φιλοῦσ' εὔζωρον] τὸν οἶνον εὔζωρον φιλοῦσ' *R* τὸν οἶνον εὔζωρον
φιλοῦσιν *ΑΒΓ* τὸν οἶνον εὔζωρον φιλοῦσ' *Ν* | πρὸ τοῦ] προτοῦ
*RABΓN*

βινούμεναι χαίρουσιν ὥσπερ καὶ πρὸ τοῦ.
ταύταισιν οὖν, ὦνδρες, παραδόντες τὴν πόλιν
μὴ περιλαλῶμεν, μηδὲ πυνθανώμεθα 230
τί ποτ᾽ ἄρα δρᾶν μέλλουσιν, ἀλλ᾽ ἁπλῷ τρόπῳ
ἐῶμεν ἄρχειν, σκεψάμενοι ταυτὶ μόνα,
ὡς τοὺς στρατιώτας πρῶτον οὖσαι μητέρες
σώζειν ἐπιθυμήσουσιν· εἶτα σιτία
τίς τῆς τεκούσης θᾶττον ἐπιπέμψειεν ἄν; 235
χρήματα πορίζειν δ᾽ εὐπορώτατον γυνή,
ἄρχουσά τ᾽ οὐκ ἂν ἐξαπατηθείη ποτέ.
αὐταὶ γάρ εἰσιν ἐξαπατᾶν εἰθισμέναι.
τὰ δ᾽ ἄλλ᾽, ἐάσω ταῦτα· κἂν πίθησθέ μοι,
εὐδαιμονοῦντες τὸν βίον διάξετε. 240

ΓΥ. Α. εὖ γ᾽, ὦ γλυκυτάτη Πραξαγόρα, καὶ δεξιῶς.
πόθεν, ὦ τάλαινα, ταῦτ᾽ ἔμαθες οὕτω καλῶς;

ADNOTATIO CRITICA.

v. 235 θᾶττον Suidas. — v. 236 post πορίζειν inserui δ᾽. — v. 239 virgula illa post ἀλλ᾽ posita verba distingui iussit Holdenus. — πίθησθέ μοι Cobetus.

SCRIPTURAE DISCREPANTIA.

v. 228 πρὸ τοῦ] προτοῦ RABΓ ‖ v. 229 οὖν] οὖν Γ | ὦνδρες] ὦ "νδρες ΑΓΝ ὦ 'νδρες Β | παραδόντες] παραδοῦντες Ν ‖ v. 230 περιλαλῶμεν] περὶ λαλῶμεν R | μηδὲ] μὴ δὲ R μὴ δὲ ΑΒΓΝ ‖ v. 231 ἄρα] ἆρα R | ἀλλ᾽ ἁπλῷ τρόπῳ] ἀλλ᾽ ἁπλῶ τρόπῳ R ἀλλὰ τῷ τρόπω ΑΒ ἀλλὰ τῷ τρόπω Γ ἀλλ᾽ ἁπλῶ τρόπω N ‖ v. 232 μόνα] μόνον B ‖ v. 233 στρατιώτας] corr. ex στρατιώτας R στρατιώτας est in ΓΝ ‖ v. 234 σώζειν] σώζουσιν ΑΒΓ | ἐπιθυμήσουσιν] ἐπιθυμοῦσιν ΑΒΓΝ | εἶτα] εἶτα R εἰ τὰ ΑΓ | σιτία] post α rasura unius fere litterae est B σιτία τέ est in Γ ‖ v. 235 non legitur parte codicis abscissa, item v. 237 e. c. in A | τίς] om. Γ | τεκούσης] corr. ex τεκουσης R² † θᾶττον] μᾶλλον RBΓN | ἐπιπέμψειεν ἄν] ἐπιπέμψειας ἄν Γ ‖ v. 236 πορίζειν δ᾽] πορίζειν RABΓN ‖ v. 237 non legitur in A ‖ v. 238 αὐταὶ] αὐται ΑΒΓ | γάρ εἰσιν] γὰρ εἰσὶν ante εἰσὶν erat ε, quod del. prima manus R γὰρ εἰσὶν est etiam in N ‖ v. 239 non legitur in A | ἐάσω] ἐάσω γε Β | κἂν] κἂν R | πίθησθέ] πείθησθέ corr. ex πειθησθέ R² πείθησθέ est in BΓN | μοι,] corr. ex μοι; R μου· est in Γ ‖ v. 240 διάξετε] prius ε in rasura est, sed a prima manu B διέξετε est in N ‖ v. 241 non logitur in A | ΓΥ. Α.] — R γυνὴ N omm. BΓ

ΕΚΚΛΗΣΙΑΖΟΤΣΑΙ.

*ΠΡΑ.* ἐν ταῖς φυγαῖς μετὰ τἀνδρὸς ᾤκησ' ἐν πυκνί·
ἔπειτ' ἀκούουσ' ἐξέμαθον τῶν ῥητόρων.
*ΓΤ. Α.* οὐκ ἐτὸς ἄρ', ὦ μέλ', ἦσθα δεινὴ καὶ σοφή· 245
καί σε στρατηγὸν αἱ γυναῖκες αὐτόθεν
αἱρούμεθ', ἢν ταῦθ' ἁπινοεῖς κατεργάσῃ.
ἀτὰρ ἢν Κέφαλός σοι λοιδορῆται προσφθαρείς,
πῶς ἀντερεῖς πρὸς αὐτὸν ἐν τἠκκλησίᾳ;
*ΠΡΑ.* φήσω παραφρονεῖν αὐτόν. *ΓΤ. Α.* ἀλλὰ τοῦτό γε
ἴσασι πάντες. *ΠΡΑ.* ἀλλὰ καὶ μελαγχολᾶν. 251
*ΓΤ. Α.* καὶ τοῦτ' ἴσασιν. *ΠΡΑ.* ἀλλὰ καὶ τὰ τρύβλια
κακῶς κεραμεύειν, τὴν δὲ πόλιν εὖ καὶ καλῶς;
*ΓΤ. Α.* τί δ', ἢν Νεοκλείδης ὁ γλάμων σε λοιδορῇ;
*ΠΡΑ.* τούτῳ μὲν εἶπον ἐς κυνὸς πυγὴν ὁρᾶν. 255

ADNOTATIO CRITICA.

v. 255 pro τούτῳ μὲν εἶπον fortasse scribendum est: τοῦτον μένει τόδ'·.

SCRIPTURAE DISCREPANTIA.

v. 243 non legitur in *A* | *ΠΡΑ.*] — *R* omm. *ΒΓ* | super υ in φυγαῖς] scriptum est η *N* | μετὰ τἀνδρὸς] μετ' ἀνδρὸς *R* corr. in μετα τ' ἀνδρὸς *R*² μετὰ τ' ἀνδρὸς est in *N* ᾤκησ'] ᾤκισ' *B* ᾤκισ' *Γ* ᾤκησ' *N* | πυκνί] corr. ex πυκνὶ *R* πνυκὶ est in *B* πνυκί *Γ* ‖ v. 245 non legitur in *A* | *ΓΤ. Α.*] — *R* γυνὴ *N* omm. *ΒΓ* | οὐκ ἐτὸς] οὐκετὸς *R* | ἄρ'] ἀρ' *R* | δεινὴ καὶ] καὶ δεινὴ καὶ *ΒΓ* ‖ v. 246 στρατηγὸν] corr. ex στρατηγόν *R* στρατηγεῖν est in *ΑΒΓ* | αὐτόθεν] corr. ex αὐτόθεν vel αὐτοῦθεν *R* ‖ v. 247 non legitur in *A* | αἱρούμεθ'] αἱρούμεθ' *N* | ἢν] ἣν *R* ἥν *Γ* | ταῦθ' ἁπινοεῖς] ταῦθ' ἀπινοεῖς *R* ταῦθ' ἁ 'πινοεῖς *ΒΓ* ταῦθασ 'πινοεῖς *N* | κατεργάσῃ] κατεργάσει *R* κατεργάση *ΒΓΝ* ‖ v. 248 ἀτὰρ] αὐτὰρ *ΑΓ* | ἢν] ἢν *R* | λοιδορῆται] λοιδορεῖται *R* | προσφθαρείς] προσφθαρεῖς corr. ex προσφθαρεῖς *R* ‖ v. 249 non legitur in *A* | πρὸς αὐτὸν] προσαυτὸν *R* | τἠκκλησίᾳ] τῆκκλιδία *R* τῇ 'κκλησίᾳ *ΒΓΝ* ‖ v. 250 *ΠΡΑ.*] — *R* omm. *ΑΒΓ* | *ΓΤ. Α.*] γυνὴ *N* omm. *ΡΑΒΓ* | τοῦτό γε] τοῦτόν γε *A* τοῦτο γε *B* και τοῦτόν γε *Γ* ‖ v. 251 *ΠΡΑ.*] omm. *ΡΑΒΓ* | μελαγχολᾶν] μελασχολᾶν *Γ* ‖ v. 252 *ΓΤ. Α.*] — *A* γυνή *N* omm. *ΡΒΓ* | τοῦτ'] corr. ex τοῦστ' in *R* | ἴσασιν] corr. ex ἴσασεν *R* ἴσασι est in *N* | *ΠΡΑ.*] : *RA* omm. *ΒΓ* | τρύβλια] corr. ex τρυβλία *R* τρυβλία est in *ΑΒΝ* ‖ v. 253 versui praefixum est — *R* | εὖ καὶ] om. *R* | καλῶς;] καλῶς. *ΡΑΒΓ* καλῶς :: (atramento pict. :, minio·) *N* ‖ v. 254 *ΓΤ. Α.*] — *RA* γυνὴ *N* omm. *ΒΓ* | τί] τὶ *B* | ἢν] ἢν *ΡΓ* | λοιδορῇ] λοιδορῇ *ΑΝ* λοιδορεῖ *ΒΓ* ‖ v. 255 *ΠΡΑ.*] — *RA* om. *B* | τούτῳ] τούτω corr. ex τοῦτω

ΕΚΚΛΗΣΙΑΖΟΤΣΑΙ. 23

ΓΥ. Α. τί δ', ἢν ὑποκρούωσίν σε; ΠΡΑ. προσκινήσομαι,
ἅτ' οὐκ ἄπειρος οὖσα πολλῶν κρουμάτων.
ΓΥ. Α. ἐκεῖνο μόνον ἄσκεπτον, ἢν σ' οἱ τοξόται
ἕλκωσιν, ὅ τι δράσεις ποτ'. ΠΡΑ. ἐξαγκωνιῶ
ὡδί· μέση γὰρ οὐδέποτε ληφθήσομαι. 260
ΓΥ. Β. ἡμεῖς δέ γ', ἢν αἴρωσ', ἐᾶν κελεύσομεν.
ΓΥ. Α. ταυτὶ μὲν ἡμῖν ἐντεθύμηται καλῶς,
ἐκεῖνο δ' οὐ πεφροντίκαμεν, ὅτῳ τρόπῳ
τὰς χεῖρας αἴρειν μνημονεύσομεν τότε.
εἰθισμέναι γάρ ἐσμεν αἴρειν τὼ σκέλη. 265
ΠΡΑ. χαλεπὸν τὸ πρᾶγμ'· ὅμως δὲ χειροτονητέον
ἐξωμισάσαις τὸν ἕτερον βραχίονα.
ἄγε νυν ἀναστέλλεσθ' ἄνω τὰ χιτώνια·
ὑποδεῖσθε δ' ὡς τάχιστα τὰς Λακωνικάς,
ὥσπερ τὸν ἄνδρ' ἐθεᾶσθ', ὅτ' εἰς ἐκκλησίαν 270
μέλλοι βαδίζειν ἢ θύραζ' ἑκάστοτε.

SCRIPTURAE DISCREPANTIA.

R τούτω est etiam in *ABΓN* | εἶπον] εἶπον· R εἶποιμ' B | ὁρᾶν] ὁρᾷν
Γ ‖ v. 256 ΓΥ. Α.] — R γυνή N omm. *ABΓ* | τί δ', ἢν] τίνδ' ἦν
R τί δ' ἦν B | ὑποκρούωσίν σε] ὑποκρουωσίν σε R ὑποκρούσωσί σε
*AΓN* ὑποκρούσωσίν σε B | ΠΡΑ.] : A omm. RBΓ ‖ v. 257 ἅτ'] ·
ἅτ' RN ‖ v. 258 ΓΥ. Α.] — RA γυνή N omm. BΓ | ἦν] ἦν R
ἦν N | σ' οἱ τοξόται] σε τοξόται AB σοι τοξόται N ‖ v. 259 ποτ'.]
ποτέ RΓN ποτὲ AB | ΠΡΑ.] : R : — (atramento : minio —) A
omm. BΓ | ἐξαγκωνιῶ] ἐξασκονιῶ B ‖ v. 260 versui praefixum
est — in R | οὐδέποτε] οὐδὲ ποτε N ‖ v. 261 ΓΥ. Β.] — RA γυνή
N omm. BΓ | ἢν αἴρωσ'] ἠναίρωσο· R | ἐᾶν] ἐὰν RΓN | κελεύσο-
μεν] κελεύσωμεν RΓ ‖ v. 262 ΓΥ. Α.] — R πρᾱͅ N omm. ABΓ |
ἡμῖν] ἥμιν RΓ ‖ v. 263 versui praefixum est γυνή in N | ὅτῳ]
ὅτω ABN | τρόπῳ] corr. ex τρώπῳ R τρόπω est in ABN ‖ v. 264
αἴρειν] αἰρεῖν N | τότε] τοτε A τό in τότε in ras. est, sed a prima
manu in B ‖ v. 265 γάρ] corr. ex γὰρ R γὰρ est in N | ἐσμεν] ἐσμὲν
R εἰς μεν N | τὼ] τὰ BN ‖ v. 266 ΠΡΑ.] — R omm. BΓ | δὲ]
omm. AΓ γε est in B | χειροτονητέον] χειροτονητέον δὲ AΓ ‖ v.
267 ἐξωμισάσαις] ἐξωμιάσαις ABΓ | τὸν] ἂν τὸν B ‖ v. 268 νυν]
νῦν RAΓN ‖ v. 269 ὑποδεῖσθε δ'] ὑποδεῖσθέ μ' R ‖ v. 270
ἄνδρ'] ἄνδρα N | ἐθεᾶσθ'] ἐθεᾶσθε ABΓ Θεᾶσθ' N | ὅτ' εἰς ἐκ-
κλησίαν] ὅτεις ἐκκλησίαν corr. ex ὅτει κκλησίαν manus quaedam
recentior, non illa, quae minio usa est, in N ‖ v. 271 μέλλοι]
μέλλει A μέλοι Γ

# ΕΚΚΛΗΣΙΑΖΟΤΣΑΙ.

ἔπειτ᾽ ἐπειδὰν ταῦτα πάντ᾽ ἔχῃ καλῶς,
περιδεῖσθε τοὺς πώγωνας. ἡνίκ᾽ ἂν δέ γε
τούτους ἀκριβῶς ἦτε περιηρμοσμέναι,
καὶ θαἰμάτια τἀνδρεῖ᾽ ἅπερ γ᾽ ἐκλέψατε     275
ἐπαναβάλεσθε, κᾷτα ταῖς βακτηρίαις
ἐπερειδόμεναι βαδίζετ᾽, ᾄδουσαι μέλος
πρεσβυτικόν τι, τὸν τρόπον μιμούμεναι
τὸν τῶν ἀγροίκων. ΓΥ. Β. εὖ λέγεις· ἡμεῖς δέ γε
προΐωμεν αὐτῶν· καὶ γὰρ ἑτέρας οἴομαι          280
ἐκ τῶν ἀγρῶν εἰς τὴν πύκν᾽ ἥξειν ἄντικρυς
γυναῖκας. ΠΡΑ. ἀλλὰ σπεύσαθ᾽, ὡς εἴωθ᾽ ἐκεῖ
τοῖς μὴ παροῦσιν ὀρθρίοις εἰς τὴν πύκνα
ὑπαποτρέχειν ἔχουσι μηδὲ πάτταλον.

ADNOTATIO CRITICA.

v. 274 ἀκριβῶς ἦτε Hirschigius. — v. 275 τἀνδρεῖ᾽ ἅπερ γ᾽ Elmsleius. — v. 282 εἴωθ᾽ hoc loco significare videtur idem atque: ἔθος ἐστὶν cfr. Hesychium: ἔθος ἔχει (scilicet, ut opinor, τοὺς ἀνθρώπους). sed nescio, an corrupta sint verba: ὡς εἴωθ᾽ ἐκεῖ, pro quibus scribendum sit: ὡς ἔθος γ᾽ ἐκεῖ (nunc video idem fere coniecisse Schneiderum).

SCRIPTURAE DISCREPANTIA.

v. 272 ἔπειτ᾽] ἔπειτα A | ἐπειδὰν] ἐπειδ᾽ ἂν RN | πάντ᾽] πάντα N | ἔχῃ] ἔχει R ἔχῃ ABΓN || v. 273 ἴσθε τ in περὶ δεῖσθε τοὺς in ras. scripsit R² || v. 274 ἀκριβῶς ἦτε] ἀκριβώσητε RABN ἀκριβώσειτε Γ | περιηρμοσμέναι] περὶ ηρμοσμέναι R || v. 275 καὶ θαἰμάτια] καὶ θαιματια corr. ex και θαιτία R² καὶ θοιμάτια est in A θοἰμάτια B θαιμάτια ΓN | τἀνδρεῖ᾽ ἅπερ᾽ γ] τἀνδρεῖα τ᾽ ἅπερ R τἀνδρεῖα θ᾽ ἅπερ AB τἀνδρεῖα τ᾽ ἅπερ Γ τἀνδρεῖα τόπερ N || v. 276 ἐπαναβάλεσθε] ἐπ᾽ ἀναβάλλεσθε R ἐπαναβάλλεσθε AΓ ἐπανεβάλλεσθε N | κᾷτα] κᾶτα R κᾶτα ABN κατὰ Γ || v. 277 βαδίζετ᾽] βαδίζουσ᾽ Γ | ᾄδουσαι] ᾄδουσαι R ἄδουσαι ABN ᾄδου Γ || v. 279 τὸν] om. R | ΙΓ. Β.] : R γυνὴ N omm. AΓB | ἡμεῖς] ἡμεῖς ἡμεῖς R prius illud ἡμεῖς expunxit R² || v. 280 αὐτῶν αὐτῷ A αὐτὸν superscripto ω super ὁ Γ | γὰρ] om. A || v. 281 εἰς] ἐς R | πύκν᾽] πνύκ᾽ R πνύχ᾽ ABΓ || v. 282 ΠΡΑ.] omm. RABΓN | ἀλλὰ] corr. ex ἄλλα R² | σπεύσαθ᾽] σπεύσασθ᾽ AN | ὡς εἴωθ᾽ ἐκεῖ] ὡσείωθ᾽ εκεῖ R | versu 282 desinit hodie codex Parisinus A || v. 283 μὴ] om. R adscr. supra versum R² | ὀρθρίοις] ὀρθίοις R ὀρθρίσιν superscripto οις super ίσιν Γ | εἰς] ἐς RBΓN | πύκνα] πνύκα BΓ || v. 284 ὑπαποτρέχειν] ὑπ᾽ ἀποτρέχειν R | μηδὲ] μηδε R μὴ δὲ BΓN

ΕΚΚΛΗΣΙΑΖΟΤΣΑΙ. 25

ΚΟΡ. ὥρα προβαίνειν, ὦνδρες, ἡμῖν ἐστι· τοῦτο γὰρ χρὴ
μεμνημένας ἀεὶ λέγειν, μὴ καί ποτ' ἐξολίσθῃ 286
ἡμᾶς. ὁ κίνδυνος γὰρ οὐχὶ μικρός, ἢν ἁλῶμεν
ἐνδυόμεναι κατὰ σκότον τόλμημα τηλικοῦτον.
ΗΜΙΧ. Αα. χωρῶμεν εἰς ἐκκλησίαν, ὦνδρες· ἠπείλησε γὰρ
ὁ θεσμοθέτης, ὃς ἂν 290
μὴ πρῲ πάνυ τοῦ κνέφους
. ἥκῃ κεκονιμένος,
στέργων σκοροδάλμῃ,
βλέπων ὑπότριμμα, μὴ

ADNOTATIO CRITICA.

v. 286 μὴ καί ποτ' Dobraeus. — v. 288 ἐνδυόμεναι Faber. — v.
292 στέργων σκοροδάλμῃ verba ante βλέπων ὑπότριμμα, μὴ transposuit
Porsonus.

SCRIPTURAE DISCREPANTIA.

v. 285 ΚΟΡ.] — R χορὸς N omm. Β Γ ⊣ ὦνδρες] ὦ 'νδρες
B ὦ "νδρες ΓΝ | ἐστι] ἐστὶ R | τοῦτο] ταῦτα B ‖ v. 286 μὴ καί]
ὡς μὴ R B ΓΝ | ἐξολίσθῃ] ἐξολίσθη Β Γ'Ν ‖ v. 287 κίνδυνος] correctum ex κινδυνος in R | ἢν] ἢν R ‖ v. 288 ἐνδυόμεναι] ἐνδούμεναι R Β Γ N | κατὰ σκότον] κατάσκοπον Β ‖ in vv. 289—311
verba ita disposita sunt, ut singuli versus finiantur vocabulis:
ἐκκλησίαν | γὰρ | ἂν | κνέφους | κεκονιμένος | ὑπότριμμα | σκοροδάλμῃ | τριώβολον | Χαριτιμίδη | Δράκης | κατεπείγων | ὅπως | παραχορδιεῖς | ἀποδεῖξαι | σύμβολον | πλησίοι | ὡς | χειροτονῶμεν | 
δέῃ | φίλας | φίλους | ὀνομάζειν | ὠθήσομεν | ἄστεως | πρὸ τοῦ | 
ἐλθόντ' ἔδει | μόνον | λαλοῦντες | στεφανώμασιν | ἄγαν | Μυρωνίδης | γεννάδας | ἐτόλμα | διοι (in διοικεῖν) | φέρων | ἕκαστος | φέρων | ἄρτον αὖ | κρομμύω | ἐλάας | τριώβολον | ὅταν | ὦσ (in ὥσπερ) |
πηλοφοροῦντες R — γὰρ (ἠπείλησε Β, qui om. γὰρ) | κνέφους |
ὑπότριμμα | τριώβυλον | Δράκης | ὅπως | ἀποδεῖξαι | πλη (in πλησίοι) | χειροτονῶμεν | φίλας | ὀνομάζειν | ξένους (ἐξ ἄστεως Ν) |
ἐλθόντας ἔδει | λαλοῦντες | Μυρωνίδης | ἐτόλμα | φέρων | τέρων |
κρομμύω | τριώβολον | ὦσ (in ὥσπερ) | πηλοφοροῦντες Β ΓΝ | v.
289 ΗΜΙΧ. Αα.] omm. R Β Ι'Ν | ὦνδρες] ὡδὶ γὰρ Β ὦδρες Γ
ὦ "νδρες N | ἠπείλησε γὰρ] ἠπείλησεν Β ἐπείλησε γάρ· Γ ‖ v. 290
ὃς ἂν] ὖσαν R ὡς ἂν N | πρῲ] πρῶι (sic etiam lemma scholii)
R πρῶ Γ πρῶ N | πάνυ τοῦ κνέφους] πάνυ τ' ἐκνέφους Β ‖ v.
291 ἥκῃ] ἥκη Β Γ ἥκει N | κεκονιμένος] κεκονισμένο; R N ‖ v.
292 στέργων σκοροδάλμῃ, βλέπων ὑπότριμμα] βλέπων ὑπότριμμα·
(hoc corr. ex ὑποτρίμμα· R²) στέργων σκοροδάλμῃ R βλέπων ὑπότριμμα, στέργων σκοροδάλμῃ Β ΓΝ super στέργων scriptum est:
γρ. τέργων et λ in βλέπων in rasura est, sed a prima manu in Β

ΕΚΚΛΗΣΙΑΖΟΤΣΑΙ.

δώσειν τὸ τριώβολον.
ΗΜΙΧ. Αβ. ἀλλ', ὦ Χαριτιμίδη
καὶ Σμίκυθε καὶ Δράκης,
ἕπου κατεπείγων,
σαυτῷ προσέχων ὅπως
μηδὲν παραχορδιεῖς 295
ὧν δεῖ σ' ἀποδεῖξαι·
ὅπως δὲ τὸ σύμβολον
λαβόντες ἔπειτα πλη-
σίοι καθεδούμεθ', ὡς
ἂν χειροτονῶμεν
ἅπανθ' ὁπόσ' ἂν δέῃ
τὰς ἡμετέρας φίλας.
καίτοι τί λέγω; φίλους
γὰρ χρῆν μ' ὀνομάζειν.
ΗΜΙΧ. Βα. ὅρα δ' ὅπως ὠθήσομεν τούσδε τοὺς ἐξ ἄστεως 300
ἥκοντας, ὅσοι πρὸ τοῦ
μέν, ἡνίκ' ἔδει λαβεῖν
ἐλθόντ' ὀβολὸν μόνον,

289—299 = 300—310

ADNOTATIO CRITICA.

v. 293 Χαριτιμίδη Brunckius. — v. 301 ἔδει λαβεῖν ἐλθόντ' Dawesius.

SCRIPTURAE DISCREPANTIA.

v. 293 *ΗΜΙΧ. Αβ.* omm. *RBΓN* | *Χαριτιμίδη*] χάρι τιμια ἢ *R* χάρι τιμία ἢ *BΓ* χάρι τιμία ἢ *N* | καὶ *Δράκης*] μὴ δράμης *B* | v. 294 σαυτῷ] σαυτῶ *BΓ'N* ‖ v. 295 μηδὲν] μηδὲν *R* | παραχορδιεῖς] εἷς in ras. est, sed a prima manu in *B* παραχορδιῇς est in *ΓN* ‖ v. 296 σύμβολον] σύμολον *R* ‖ v. 297 πλησίοι] πλησίον super *ν* rasura est *B* πλησία est in *Γ* πληθίοι *N* | καθεδούμεθ'] καθεδοῦμεν *BΓ* ‖ v. 298 ὁπόσ'] ὅπως *BΓ* | ἂν δέῃ τὰς] ἂν δέῃ τὰς *B* ἂν, δέκτας *N* ‖ v. 299 χρῆν] χρή *B* ‖ v. 300 *ΗΜΙΧ. Βα.*] — *R* ἕτερος χορὸς *N* omm. *BΓ* | ὅπως] ὅπω *Γ* | ὠθήσομεν] ὠνήσομεν corr. ex ὀνήσομέν *B* | τούσδε] τούσδε *R* τούσδε *Γ* | ἐξ ἄστεως] ξένους *BΓ* ‖ v. 301 ὅσοι] corr. in ὅσου *R*[2] | πρὸ τοῦ] προτοῦ *RBΓ* | ἔδει λαβεῖν ἐλθόντ'] ἐλθόντα (corr. ex ελθόνα) δει λαβεῖν *R* corr. in ελθόντ' ἔδει λαβεῖν *R*[2] ἐλθόντας ἔδει λαβεῖν *B* ἐλθόντες ἔδει· λαβεῖν *Γ* ἐλθοντ' ἔδει λαβεῖν *N* ‖ v. 302 ὀβολὸν] ὁβολόν *R*

ΕΚΚΛΗΣΙΑΖΟΤΣΑΙ. 27

καθῆντο λαλοῦντες
ἐν τοῖς στεφανώμασιν·
νυνὶ δ' ἐνοχλοῦσ' ἄγαν.

HMIX. Bβ. ἀλλ' οὐχί, Μυρωνίδης
ὅτ' ἦρχεν ὁ γεννάδας,
οὐδεὶς ἂν ἐτόλμα
τὰ τῆς πόλεως διοι- 305
κεῖν ἀργύριον φέρων·
ἀλλ' ἧκεν ἕκαστος
ἐν ἀσκιδίῳ φέρων
πιεῖν ἅμα τ' ἄρτον αὐ-
τῷ καὶ δύο κρομμύω
καὶ τρεῖς ἂν ἐλάας.
νυνὶ δὲ τριώβολον
ζητοῦσι λαβεῖν, ὅταν
πράττωσί τι κοινὸν ὥσ-
περ πηλοφοροῦντες. 310

ΒΛΕ. τί τὸ πρᾶγμα, ποῖ ποθ' ἡ γυνὴ φρούδη 'στί μοι;
ἐπεὶ πρὸς ἕω νῦν γ' ἔστιν, ἡ δ' οὐ φαίνεται.
ἐγὼ δὲ κατάκειμαι πάλαι χεζητιῶν,

ADNOTATIO CRITICA.

v. 302 καθῆντο Brunckius. — v. 307 αὐτῷ (pro αὖ R αὖ N) mea coniectura est.

SCRIPTURAE DISCREPANTIA.

v. 303 καθῆντο] κάθητο R κάθηντο BΓN | λαλοῦντες] λαλοῦσαι BΓ | στεφανώμασιν] στεφανώμασι R | ἐν τοῖς στεφανώμασιν] omm. BΓN | νυνὶ δ'] νυνί δ' ΓN ‖ v. 304 HMIX. Bβ.] omm. RBΓN | ἀλλ' οὐχί] ἀλλουχὶ R ἀλλ' οὐχὶ BΓ ἀλλ' οὐχι N | γεννάδας] γενάδας N | οὐδεὶς] οὐδεῖς R ‖ v. 306 ἧκεν] ἧκεν R | ἀσκιδίῳ] ἀσκιδίω BΓN | v. 306 (ἀλλ' ἧκεν... φέρων) post v. 307 (πιεῖν ἅμα... κρομμύω) legebatur, sed iustus ordo restitutus est Γ ‖ v. 307 αὐτῷ] αὐ R αὖ N omm. BΓ | κρομμύω] κρομύω R ‖ v. 308 τριώβολον] τριόβολον N ‖ v. 309 ὅταν] ὅτ' ἂν R ὅτ' ἂν ΓN ‖ v. 310 post πηλοφοροῦντες] est a prima manu in ipso verborum contextu: ὡς χειροτέχναι καὶ μισθωτοί: N ‖ v. 311 ΒΛΕ.] om. R ἀνήρ τίς in margine adscr. R² ἀνήρ τις βλέ^{πρ} est in N omm. BΓ | τί] τὶ B | πρᾶγμα] πρᾶγμ' Γ | ποῖ] ποῦ B | ποθ'] πόθ' ΓN | 'στί] "στι N ‖ v. 312 πρὸς ἕω] προσέω R | γ' ἔστιν] γ' ἐστίν R γ' ἐστὶν B γ' ἐστίν ΓN | ἡ δ'] ἡδ' R ἦδ' BN ‖ v. 313 ζη in χεζητιῶν] in ras. pinxit R² (scriptura fuerat χε vel χη).

ΕΚΚΛΗΣΙΑΖΟΤΣΑΙ.

τὰς ἐμβάδας ζητῶν λαβεῖν ἐν τῷ σκότῳ
καὶ θοἰμάτιον· ὅτε δὴ δ' ἐκεῖνο ψηλαφῶν      315
οὐκ ἐδυνάμην εὑρεῖν, ὁ δ' ἤδη τὴν θύραν
ἐπεῖχε κρούων ὁ κοπρεαῖος, λαμβάνω
τουτὶ τὸ τῆς γυναικὸς ἡμιδιπλοίδιον,
καὶ τὰς ἐκείνης Περσικὰς ὑφέλκομαι.
ἀλλ' ἐν καθαρῷ ποῦ ποῦ τις ἂν χέσας τύχοι;    320
ἢ πανταχοῦ τοι νυκτός ἐστιν ἐν καλῷ;
οὐ γάρ με νῦν χέζοντά γ' οὐδεὶς ὄψεται.
οἴμοι κακοδαίμων, ὅτι γέρων ὢν ἠγόμην
γυναῖχ'· ὅσας εἴμ' ἄξιος πληγὰς λαβεῖν.
οὐ γάρ ποθ' ὑγιὲς οὐδὲν ἐξελήλυθεν              325
δράσουσ'. ὅμως δ' οὖν ἐστιν ἀποπατητέον.
ΑΝ. Α. τίς ἐστιν; οὐ δήπου Βλέπυρος ὁ γειτνιῶν;
νὴ τὸν Δί' αὐτὸς δῆτ' ἐκεῖνος. εἰπέ μοι,
τί τοῦτό σοι τὸ πυρρόν ἐστιν; οὔ τί που

---

ADNOTATIO CRITICA.

v. 317 κοπρεαῖος vocab. ferri non posse recte monuit Lentingius. Nisi fallor, Aristophanes scripsisse censendus est: κρούων ἐπεῖχ' ὁ Κοπρεῖος οὗτος, λαμβάνω. — v. 322 coniecerim scribendum esse: οὐ γὰρ τὰ νῦν χέζοντά μ' οὐδεὶς ὄψεται.

---

SCRIPTURAE DISCREPANTIA.

v. 314 τῷ σκότῳ] τῶ σκότω *BN* ‖ v. 315 θοἰμάτιον] θοιμάτιον *RΓ* θοἰμάτιον *B* θ' οἰμάτιον *N* | δὴ δ'] δὴ δ' *R* δῆτ' *B* δή δ' *Γ* ‖ v. 316 οὐκ] οὐκ` *R* | ὁ δ'] ὅδ' *RBN* | θύραν] θύρα *R* ‖ v. 317 κοπρεαῖος] κοπραῖος *BΓ* | λαμβάνω] corr. ex λαμβάνωι *R* ‖ v. 318 ἡμιδιπλοίδιον] ἡμιδιπλοΐδιον *RB* ‖ v. 319 ὑφέλκομαι] ἀφειλόμην *B* ἀφέλκομαι *Γ* ‖ v. 320 καθαρῷ] καθαρῷ *RBΓN* | τις] τίς *RBΓ* | ἂν χέσας] ἀνχεσας *R* ‖ v. 321 τοι] γε *B* | ἐστιν] ἐστὶν *RBΓ* | καλῷ] καλῶ *BN* ‖ v. 322 χέζοντά γ' οὐδεὶς] χεζοντά γ' (corr. in χέζοντά γ' *R²*) οὐδεὶς *R* οὐδεὶς χέζοντά γ' οὐδεὶς *Γ* ‖ v. 323 versui praefixit: βλέπυρος *R²* | ὅτι] ὅτε *Γ* | γέρων] corr. ex γερων *R²* | ὢν] ὢν *R* ‖ v. 324 εἴμ'] εἴμ' *RΓ* εἴμ' *N* ‖ v. 325 ὑγιὲς] ex ὑγιες corr. *R²* ! οὐδὲν] erat λαβεῖν οὐδὲν sed λαβεῖν del. a prima manu in *R* ‖ v. 326 ἐστιν] ἐστὶν *R* ‖ v. 327 ΑΝ. Α.] ἀνήρ *R* ἀνήρ *N* omm. *BΓ* ‖ v. 328 versui praefixum est — in *R* βλε^πρ *N* | ante εἰπέ] est ἀνήρ *N* ‖ v. 329 οὔ τί που] οὐ τί που *RN* οὔ τι που *BΓ*

ΕΚΚΛΗΣΙΑΖΟΤΣΑΙ. 29

 *Κινησίας σου κατατετίληκέν ποθεν;* 330
ΒΛΕ. *οὔκ, ἀλλὰ τῆς γυναικὸς ἐξελήλυθα*
 *τὸ κροκωτίδιον ἀμπισχόμενος, οὐνδύεται.*
ΑΝ. Α. *τὸ δ' ἱμάτιόν σου ποῦ 'στιν;* ΒΛΕ. *οὐκ ἔχω φράσαι.*
 *ζητῶν γὰρ αὔτ' οὐχ ηὗρον ἐν τοῖς στρώμασιν.*
ΑΝ. Α. *εἶτ' οὐδὲ τὴν γυναῖκ' ἐκέλευσάς σοι φράσαι;* 335
ΒΛΕ. *μὰ τὸν Δί'· οὐ γὰρ ἔνδον οὖσα τυγχάνει,*
 *ἀλλ' ἐκτετρύπηκεν λαθοῦσά μ' ἔνδοθεν·*
 *ὃ καὶ δέδοικα μή τι δρᾷ νεώτερον.*
ΑΝ. Α. *νὴ τὸν Ποσειδῶ, ταὐτὰ τοίνυν ἄντικρυς*
 *ἐμοὶ πέπονθας. καὶ γὰρ ᾗ ξύνειμ' ἐγὼ* 340
 *φρούδη 'στ', ἔχουσα θοἰμάτιον οὐγὼ 'φόρουν·*
 *κοὐ τοῦτο λυπεῖ μ', ἀλλὰ καὶ τὰς ἐμβάδας.*

ADNOTATIO CRITICA.

vv. 330 et 331 **κατατετίληκέν ποθεν**: | ΒΛΕ. **οὔκ**, Brunckius. — v. 332 **κροκωτίδιον** Arnaldus. — vv. 342 et 343 reputanti scripturae discrepantiam in v. 342: **τοῦτο πο** R **τοὐτό πω** ΒΓΝ Aristophanes scripsisse mihi videtur: **κοὐ τοῦτο λυπεῖ μ', ἀλλὰ καὶ τὰς ἐμβάδας | ποθῶ· λαβεῖν γ' αὐτὰς ἐδυνάμην οὐδαμοῦ**.

SCRIPTURAE DISCREPANTIA.

v. 330 *Κινησίας σου*] κινησίας σοῦ Γ' κινήσιάς σου Ν | κατατετίληκέν] ί in κατατετίληκεν in correct. est R κατατετίλληκεν; est in B κατατετίληκεν. Γ κατατετίλιχεν; (minio corr. secunda manus in κατατετίλιχεν.) Ν | ποθεν] : πόθεν R βλε̅ πόθεν Ν πόθεν (spatio inter κατατετίλληκεν; et πόθεν relicto in B) ΒΓ || v. 331 ΒΛΕ.] omm. RBΓΝ | οὔκ] οὐκ B | γυναικός] corr. ex γυναικος R² || v. 332 κροκωτίδιον] κροκώτιον R κροκώπιον ΒΓΝ | ἀμπισχόμενος] ἀμπεχόμενος B ἀμπεσχόμενος, Γ' | οὐνδύεται] οὐ 'νδύεται R ὃ 'νυδύεται B οὐ 'νδύεται Γ' ὃ υνδύεται Ν || v. 333 ΑΝ. Α.] — R ἀνὴρ Ν omm. ΒΓ | ἱμάτιόν] ἱμάτιον R | σου] σοι ΒΓ' | ΒΛΕ.] : R omm. ΒΓ' || v. 334 αὔτ'] αὐτ' ΒΓΝ | οὐχ] οὐχ' RΝ | ηὗρον] εὗρον RBΓΝ | τοῖς] corr. ex τοις R² || v. 335 ΑΝ. Α.] — R ἀνὴρ Ν omm. ΒΓ | ἐκέλευσάς] ἐκέλευσά R ἐκέλευσά Ν | σοι] σου B || v. 336 ΒΛΕ.] omm. RBΓ || v. 337 λαθοῦσά] λαθοῦσα ΒΓΝ | μ' ἔνδοθεν] μύνδοθεν Ν || v. 338 ὃ] ὁ R | δρᾷ] δρᾷ ΒΝ δρᾶν Γ || v. 339 ΑΝ. Α.] — R ἀνὴρ Ν omm. ΒΓ | Ποσειδῶ] corr. ex Ποσιδῶ R² | ταὐτὰ] ταῦτα RΓ ταυτὰ ΒΝ || v. 340 ᾗ] ᾗ R εἰ B ἡ ΓΝ | ξύνειμ'] ξύνεμι' R ξύνειμι Ν || v. 341 'στ'] 'στ' B | θοἰμάτιον] θοιμάτιον R θοἰμάτιον B θοιματιον Γ θ' οἰμάτιον Ν | οὐγὼ] οὐγὼ ΒΝ οὐ 'γὼ Γ' | 'φόρουν] φόρουν ΒΓΝ || v. 342 κοὐ] κ' οὐ R | τοῦτο] corr. ex τουτο πο R² τοὐτό πω est in ΒΓΝ

ΕΚΚΛΗΣΙΑΖΟΤΣΑΙ.

οὔκουν λαβεῖν γ' αὐτὰς ἐδυνάμην οὐδαμοῦ.
ΒΛΕ. μὰ τὸν Διόνυσον οὐδ' ἐγὼ γὰρ τὰς ἐμὰς
Λακωνικάς, ἀλλ' ὡς ἔτυχον χεζητιῶν, 345
εἰς τὼ κοθόρνω τὼ πόδ' ἐνθεὶς ἱέμην,
ἵνα μὴ 'γχέσαιμ' εἰς τὴν σισύραν· φανῆ γὰρ ἦν.
ΑΝ. Α. τί δῆτ' ἂν εἴη; μῶν ἐπ' ἄριστον γυνὴ
κέκληκεν αὐτὴν τῶν φίλων; ΒΛΕ. γνώμην γ' ἐμήν.
ΑΝ. Α. οὔκουν πονηρά γ' ἐστὶν ὅ τι κἄμ' εἰδέναι. 350
ἀλλὰ σὺ μὲν ἱμονιάν τιν' ἀποπατεῖς· ἐμοὶ δ'
ὥρα βαδίζειν ἐστὶν εἰς ἐκκλησίαν,
ἤνπερ λάβω θοἰμάτιον, ὅπερ ἦν μοι μόνον.
ΒΛΕ. κἄγωγ', ἐπειδὰν ἀποπατήσω· νῦν δέ μοι
ἀχράς τις ἐγκλῄσασ' ἔχει τὰ σιτία. 355
ΑΝ. Α. μῶν ἦν Θρασύβουλος εἶπε τοῖς Λακωνικοῖς;

ADNOTATIO CRITICA.

v. 351 nescio, an Aristophanes scripserit: ἀλλὰ σὺ μὲν ἱμονιὰν ἀποπατεῖς· ἀλλ' ἐμοί. — v. 354 μοι Meinekius.

SCRIPTURAE DISCREPANTIA.

v. 343 γ'] omm. ΒΙ' | ἐδυνάμην] ἠδυνάμην Γ' ‖ v. 344 ΒΛΕ.]
— R omm. ΒΓ ‖ v. 345 Λακωνικάς] λακωνικῶς Γ | ἔτυχον] ἔτυχε
N ‖ v. 346 εἰς] ἐς RN ἐν ΒΓ | τὼ κοθόρνω] τω κοθόρνωι R τῶ
κοθόρνω B τὸ κοθόρνω N | ἱέμην] ἵεμε R ἱέμην (in rasura est
ην) B ἵεμαι Γ ἵεμαι N ‖ v. 347 'γχέσαιμ'] ex 'νχέσαιμ' corr. R² |
εἰς] ἐς R ἐς ΒΓΝ | σισύραν] σίσυραν ΒΓ σισσύραν N | φανῆ]
φανῆ RΓ' φακῆ B | ἦν] ἦν Γ ‖ v. 348 ΑΝ. Α.] ἀνὴρ N omm.
RBΓ | ἐπ' ἄριστον] ἐπάριστον N (ἐπ' ἄριστον R) | γυνή] ἡ γυνή;
B ‖ v. 349 αὐτήν] corr. ex αὐτὴ B αὐτὴ est in Γ | ΒΛΕ.]: R
omm. ΒΓ ‖ v. 350 ΑΝ. Α.] — R ἀνὴρ N omm. ΒΓ | πονηρά
γ'] πονηρὰ γ' N | ἐστίν] ἐστιν R | ὅ τι] ὅσον B | κἄμ'] κάμ' R ‖
v. 351 ἱμονιάν τιν'] ἱμονιάν τιν' R ἱμονιὰν τίν' Γ ἱμονίαν τίν'
N | ἐμοὶ δ'] ἐμοὶ RΒΓΝ ‖ v. 352 ὥρα] δ' ὥρα RΒΓ'Ν | ἐστὶν]
ἔστιν ΒΓ ‖ v. 353 θοἰμάτιον] θοιμάτιον RΓ. θοἰμάτιον B θ' οἰμά-
τιον N | post v. 353 erat: ) — μῶν ἦν θρασὺ quod del. prima
manus R ‖ v. 354 ΒΛΕ.] — R omm. ΒΓ' | κἄγωγ'] κἀγώγ' B | ἐπει-
δάν] επειδ' ἂν R ἐπειδ' ἂν N | νῦν] νυνὶ RΓN | μοι] μου RBΓN ‖
v. 355 versui praefixum est ἀνὴρ N | ἀχράς] ἀχρά N | ἐγκλῄσασ']
ἐγκλείσας RΓ' ἐγκλεισασ' (posterius σ in rasura est, sed a prima
manu) B ἐγκλήσασ' N ‖ v. 356 ΑΝ. Α.] — R omm. BΓN | ἦν]
ἦν R ἦν ΓΝ | Θρασύβουλος] θρυσύβουλο; R | Λακωνικοῖς] ἀλκω-
μανικοῖς R corr. in λακωμανικοῖς R² posterius ι in λακωνικοῖς in
rasura est, sed a prima manu B

## ΕΚΚΛΗΣΙΑΖΟΤΣΑΙ.

ΒΛΕ. νή τὸν Διόνυσον ἐνέχεται γοῦν μοι σφόδρα.
ἀτὰρ τί δράσω; καὶ γὰρ οὐδὲ τοῦτό με
μόνον τὸ λυποῦν ἐστιν, ἀλλ' ὅταν φάγω,
ὅποι βαδιεῖταί μοι τὸ λοιπὸν ἡ κόπρος. 360
νῦν μὲν γὰρ οὗτος βεβαλάνωκε τὴν θύραν,
ὅστις ποτ' ἔστ' ἄνθρωπος, ἀχραδούσιος.
τίς ἂν οὖν ἰατρόν μοι μετέλθοι καὶ τίνα;
τίς τῶν καταπρώκτων δεινός ἐστι τὴν τέχνην;
ἀλλ' οἶδ', 'Αμύνων. ἀλλ' ἴσως ἀρνήσεται. 365
'Αντισθένη τις καλεσάτω πάσῃ τέχνῃ.
οὗτος γὰρ ἀνὴρ ἕνεκά γε στεναγμάτων
οἶδεν τί πρωκτὸς βούλεται χεζητιῶν.
ὦ πότνι' Εἰλείθυια, μή με περιίδῃς

ADNOTATIO CRITICA.

v. 362 ἄνθρωπος Blaydesius — nescio, an ἀχερδούσιος pro ἀχραδούσιος (ά ex ά emend. Dindorfius) scribendum sit, ἄχερδος enim et piri silvestris et demi cuiusdam attici est nomen. — v. 365 ἀλλ' οἶδ', Meinekius. — v. 367 ἀνὴρ Reisigius.

SCRIPTURAE DISCREPANTIA.

v. 357 ΒΛΕ.] — R omm. ΒΓ | νή τὸν Διόνυσον] νή τὸν δί'. B | omissa sunt spatio vacuo relicto verba ab ὄνυσον (in διόνυσον) usque ad exitum versus in ΒΓ | ἐνέχεται γοῦν] ἐνέχεταί γ' ουν R ἐνέχεται οὖν N ‖ v. 358 α in γὰρ] in rasura est, sed a prima manu B ‖ v. 359 τὸ λυποῦν] corr. ex τὸ πολυποῦν R² | ἐστιν] ἐστὶν R | ὅταν] ὅτ' ἂν N | verba a τὸ inclus. usque ad exitum versus omissa sunt spatio vacuo relicto in ΒΓ ‖ v. 360 βαδιεῖται] corr. ex βαδιεῖτέ R² βαδιεῖται est in BN | μοι] μου B | τὸ] omm. ΒΓ ‖ v. 361 βεβαλάνωκε] corr. ex βεβαλανωκε R² | verba ab οὗτος inclus. usque ad exitum versus omissa sunt spatio vacuo relicto ΒΓ ‖ v. 362 ὅστις ποτ'] ὅστις πόθ' R ὅστίς ποτ' ΒΓΝ | ἔστ'] εστ' R ἐστὶν Γ ἔστ' N | ἄνθρωπος] ἄνθρωπος RΒΓΝ | ἀχραδούσιος] ἀχραδούσιος RΒΓΝ ‖ v. 363 οὖν] εἶναι BI' | verba a μοι inclus. usque ad exitum versus omissa sunt spatio vacuo relicto in ΒΓ ‖ v. 364 καταπρώκτων] κατὰ πρωκτὸν B κατὰ πρωκτῶν Γ καταπρώκτων corr. ex καταπρώκτων N | ἐστι] ἐστὶ R | τέχνην] corr. ex τεχνην R² ‖ v. 365 ἀλλ'] ἄρ' R ἄρ' ΒΓΝ | verba a μύνων (in ἀμύνων) inclus. usque ad exitum versus omissa sunt spatio vacuo relicto in BI' ‖ v. 366 'Αντισθένη] ἀντισθένην RΓN | τις] τίς RΓN τὶς B | πάσῃ τέχνῃ] πάσῃ τέχνη BN πάσῃ τέχνῃ Γ ‖ v. 367 ἀνὴρ] ἀνὴρ RBΓN | ἕνεκά] ἕνεκά R ‖ v. 368 πρωκτὸς βούλεται] πρωκτ 'εται (spatio relicto inter τ et ε) N | χεζητιῶν] χεζητιῶ N ‖ v. 369 εἰλείθυια] corr. ex εἰλείθυί R² | περιίδῃς] περὶ ἴδης R περιίδης ΒΓN

## ΕΚΚΛΗΣΙΑΖΟΤΣΑΙ.

διαρραγέντα μηδὲ βεβαλανωμένον, 370
ἵνα μὴ γένωμαι σκωραμὶς κωμῳδική.
ΑΝ. Β. οὗτος, τί ποιεῖς; οὔ τί που χέξεις; ΒΛΕ. ἐγώ;
οὐ δῆτ' ἔτι γε μὰ τὸν Δί', ἀλλ' ἀνίσταμαι.
ΑΝ. Β. τὸ τῆς γυναικὸς δ' ἀμπέχει χιτώνιον;
ΒΛΕ. ἐν τῷ σκότῳ γὰρ τοῦτ' ἔτυχον ἔνδον λαβών. 375
ἀτὰρ πόθεν ἥκεις ἐτεόν; ΑΝ. Β. ἐξ ἐκκλησίας.
ΒΛΕ. ἤδη λέλυται γάρ; ΑΝ. Β. νὴ Δί'. ΒΛΕ. ὄρθριον μὲν οὖν.
ΑΝ. Β καὶ δῆτα πολὺν ἡ μίλτος, ὦ Ζεῦ φίλτατε,
γέλων παρέσχεν, ἣν προσέρραινον κύκλῳ.
ΒΛΕ. τὸ τριώβολον δῆτ' ἔλαβες; ΑΝ. Β. εἰ γὰρ ὤφελον.
ἀλλ' ὕστερος νῦν ἦλθον, ὥστ' αἰσχύνομαι 381
ἔχων μὰ Δί' οὐδὲν ἄλλο γ' ἢ τὸν θύλακον.
ΒΛΕ. τὸ δ' αἴτιον τί; ΑΝ. Β. πλεῖστος ἀνθρώπων ὄχλος,
ὅσος οὐδεπώποτ', ἦλθ' ἀθρόος εἰς τὴν πύκνα.

---

ADNOTATIO CRITICA.

v. 377 ΑΝ. Β. νὴ Δί'. ΒΛΕ. ὄρθριον Reiskius. — v. 382 ἔχων μὰ Δί' οὐδὲν ἄλλο γ' ἢ τὸν θύλακον. Brunckius, sed fortasse vv 381 et 382 scribendi sunt: ἀλλ' ὕστερος γάρ (hoc Blaydesius) ἦλθον, ὥστ' αἰσχύνομαι | φέρων μὰ τὸν Δί' οὐδὲν ἐν τῷ θυλάκῳ.

SCRIPTURAE DISCREPANTIA.

v. 370 μηδὲ] μὴ δε R μὴ δὲ ΒΓΝ ‖ v. 371 σκωραμίς] σκοραμίς Γ | κωμῳδική] κωμῳδικὴ B κωμωδική ΓΝ ‖ v. 372 ΑΝ. Β.] — R ἀνὴρ χρέμης ἀπὸ ἐκκλησίας N omm. ΒΓ' | οὔ οὔ τί που] οὔ τι που RΓ'Ν | χέξεις] χεξεῖς Β χεξεῖς Γ' | ΒΛΕ.]: R omm. ΒΓ' ‖ v. 373 ἔτι γε] ετι γε R corr. in ἔτι γε R² ἔγνως ΒΓ | ante μὰ] spatium relictum in Β ‖ v. 374 ΑΝ. Β.] χρέμης N omm. RΒΓ | τὸ τῆς] τί τῆς Β | χιτώνιον] τριβώνιον ΒΙ'Ν ‖ v. 375 ΒΛΕ.] omm. RΒΓ | τῷ σκότῳ] τῷ σκότω ΒΙ'Ν ‖ v. 376 ἀτάρ] αὐτάρ Γ | ΑΝ. Β.]: R χρέμης N omm. ΒΓ ‖ v. 377 ΒΛΕ.] omm. RΒΙ'Ν | ΑΝ. Β.]: R βλε^πρ N omm. ΒΓ | νὴ Δί'] νὴ τὸν δί' N | ΒΛΕ.] omm. RΒΓΝ | οὖν] οὔν Γ' ‖ v. 378 ΑΝ. Β.] — R χρέμης N omm. ΒΓ' ‖ v. 379 γέλων] καὶ γέλων Γ | ἢν] ἤν R ἢ Β ἢν Γ | προσέρραινον] corr. ex προσαίραινον R | κύκλῳ] κύκλω ΒΓ'Ν ‖ v. 380 ΒΛΕ.] — R omm. ΒΓ' | ΑΝ. Β.]: R χρέμης N omm. ΒΓ | εἰ γάρ] εἴ γάρ Β ‖ v. 381 ὕστερος] corr. ex ὕστερον N | νῦν] νὴ δί' R νυνὶ N ‖ v. 382 ἔχων μὰ Δί' οὐδὲν ἄλλο γ'] μὰ τὸν Δί' οὐδέν' (οὐδὲν' R οὐδὲν B) ἄλλον (ἄλλο B) RΒΙ'Ν ‖ v. 383 ΒΛΕ.] omm. RΒΓ | ΑΝ. Β.]: R χρέμης N omm. ΒΓ ‖ v. 384 οὐδεπώποτ'] οὐδὲ πώποτ' N | ἦλθ'] ἦλθεν R ἦλθεν ΓΝ | ἀθρόος] ἀθρόως R | εἰς] ἐς RΒΓΝ | πύκνα] πνύκα ΒΙ'

καὶ δῆτα πάντας σκυτοτόμοις ᾐκάζομεν 385
ὁρῶντες αὐτούς. οὐ γὰρ ἀλλ' ὑπερφυῶς
ὡς λευκοπληθὴς ἦν ἰδεῖν ἠκκλησία·
ὥστ' οὐκ ἔλαβον οὔτ' αὐτὸς οὔτ' ἄλλοι συχνοί.
*ΒΛΕ.* οὐδ' ἄρ' ἄν ἐγὼ λάβοιμι νῦν ἐλθών; *ΑΝ. Β.* πόθεν;
οὐδὲ μὰ Δί' εἰ τότ' ἦλθες, ὅτε τὸ δεύτερον 390
ἀλεκτρυῶν ἐφθέγγετ'. *ΒΛΕ.* οἴμοι δείλαιος.
'Αντίλοχ', ἀποίμωξόν με τοῦ τριωβόλου
τὸν ζῶντα μᾶλλον. τἀμὰ γὰρ διοίχεται.
ἀτὰρ τί τὸ πρᾶγμ' ἦν, ὅτι τοσοῦτον χρῆμ' ὄχλου
οὕτως ἐν ὥρᾳ ξυνελέγη; *ΑΝ. Β.* τί δ' ἄλλο γ' ἢ 395
ἔδοξε τοῖς πρυτάνεσι περὶ σωτηρίας
γνώμας προθεῖναι τῆς πόλεως; κᾆτ' εὐθέως
πρῶτος Νεοκλείδης ὁ γλάμων παρείρπυσεν.

ADNOTATIO CRITICA.

v. 390 οὐδὲ μὰ Δί εἰ Meinekius. — v. 391 ἀλεκτρυῶν Dindorfius. — ἐφθέγγετ' nescio quis primorum editorum. — v. 397 προθεῖναι Schoemannus.

SCRIPTURAE DISCREPANTIA.

v. 385 πάντας σκυτοτόμοις] πάντες σκυτοτόμοι *ΒΓΝ* | ᾐκάζομεν] ᾐκάζομεν *Ν* ‖ v. 386 ἀλλ'] ἄλλ' corr. ex ἀλλ' *R*² ‖ v. 387 λευκοπληθὴς] λευκοπληθης corr. ex λευκοπλήθης *R* λευκοπληθὲς est in *Ν* | ἦν] ἦν *Γ* | ἠκκλησία] ἠκλησία *R* ἡ 'κκλησία *ΒΝ* ἡ ἐκκλησία *Γ*' ‖ v. 389 *ΒΛΕ.*] — *R* omm. *ΒΓ* | ἄρ'] ἀρ' *R* ἄρα *ΓΝ* | ἐλθών] corr. ex ἐλθὼν *R*² | *ΑΝ. Β.*] : *R* χρέμης *Ν* omm. *ΒΓ* | πόθεν] ποθὲν *Β* ‖ v. 390 οὐδὲ μὰ Δί' εἰ] οὐδ' εἰ (ει *R*) μὰ δία *RΒΓΝ* | ἦλθες, ὅτε] ἦλθες : ὅτε *R* ‖ v. 391 ἀλεκτρυῶν] ἀλεκτρυῶν corr. ex ἀλεκτρυᾶν *R*² ἀλεκτρυῶν est etiam in *ΒΓΝ* | ἐφθέγγετ'] ἐφθέγγετο ex ἐφθεγγετο corr. *R*² ἐφθέγγετο est etiam in *ΒΓΝ* | *ΒΛΕ.*] : *R* omm. *ΒΓ* ‖ v. 392 ἀντίλοχ'] corr. ex ἀντίχολ' *R*² | ἀποίμωξόν] ex ἀποίμωζόν corr. *R*² ἀποίμωξόν est in *ΒΓ* ‖ v. 393 τἀμὰ] τὰ μὰ *R* τὰ 'μὰ *Γ* | διοίχεται] οἴχεται *ΒΓ* ‖ v. 394 ἀτὰρ] αὐτὰρ *Γ* | τί] τὶ *Γ* | ἦν] ἦν *Γ* | ὅτι] ὅτε *ΒΓ* | ὄχλου] ὄχλος *ΒΓ* ‖ v. 395 ὥρᾳ] ὥρα *ΒΓΝ* | ξυνελέγη] συνελέγη *Β* συνελλέγη *Γ* | *ΑΝ. Β.*] : *R* χρέμης *Ν* omm. *ΒΓ* | ἦ] ἡ *R* ‖ v. 396 πρυτάνεσι corr. ex πρυτάνεσι *R*² ‖ v. 397 προθεῖναι] καθεῖναι *RΒΓΝ* | κᾆτ' εὐθέως] κᾆτ' εὐθέως *R* κᾆτ' εὐθέως *Β* κατευθέως *Γ* ‖ v. 398 omissa sunt πρῶτος Νεοκλείδης] verba, spatio vacuo (totius versus in *Γ*') relicto *ΒΓ*' | γλάμων] ex γλαμων corr. *R*² | παρείρπυσεν] παρέρπυσεν *Β* | ὁ γλάμων παρείρπυσεν: verba insequenti versui adiecta sunt in *Γ*

34 ΕΚΚΛΗΣΙΑΖΟΤΣΑΙ.

κἄπειθ' ὁ δῆμος ἀναβοᾷ πόσον δοκεῖς,
οὐ δεινὰ τολμᾶν τουτονὶ δημηγορεῖν, 400
καὶ ταῦτα περὶ σωτηρίας προκειμένου,
ὃς αὐτὸς αὑτῷ βλεφαρίδ' οὐκ ἐσώσατο;
ὁ δ' ἀναβοήσας καὶ περιβλέψας ἔφη·
τί δαί μ' ἐχρῆν δρᾶν; ΒΛΕ. σκόροδ' ὁμοῦ τρίψαντ'
 ὀπῷ
τιθύμαλλον ἐμβαλόντα τοῦ Λακωνικοῦ 405
σαυτῷ παραλείφειν τὰ βλέφαρα τῆς ἑσπέρας,
ἔγωγ' ἂν εἶπον, εἰ παρὼν ἐτύγχανον.
ΑΝ. Β. μετὰ τοῦτον Εὐαίων ὁ δεξιώτατος
παρῆλθε γυμνός, ὡς ἐδόκει τοῖς πλείοσιν·
αὐτός γε μέντοὔφασκεν ἱμάτιον ἔχειν, 410
κἄπειτ' ἔλεξε δημοτικωτάτους λόγους·
ὁρᾶτε μέν με δεόμενον σωτηρίας
τετρασταήτρου καὐτόν· ἀλλ' ὅμως ἐρῶ
ὡς τὴν πόλιν καὶ τοὺς πολίτας σώσετε.
ἢν γὰρ παρέχωσι τοῖς δεομένοις οἱ κναφῆς 415
χλαίνας, ἐπειδὰν πρῶτον ἥλιος τραπῇ,
πλευρῖτις ἡμῶν οὐδέν' ἂν λάβοι ποτέ.

ADNOTATIO CRITICA.

v. 404 μ' ἐχρῆν Bruuckius.

SCRIPTURAE DISCREPANTIA.

v. 399 ἀναβοᾷ] ἀναβοᾶ ΒΓΝ | πόσον] πύθον Ν ‖ v. 400 οὐ] ὡς Β om. Γ' | δεινά] corr. ex δεινα R² | v. 402 ὅς] ὡς Ν αὑτός] ex αὐτος corr. R² αὑτος est in Ν | αὑτῷ] αὐτῷ R αὑτω Β αὑτῶ ΓΝ | βλεφαρίδ'] φλεβανίδ' Β φλεβαρίδ' Γ ‖ v. 403 ὁ δ'] ὅδ' R ὅδ' ΒΓΝ | περιβλέψας] ψ in περὶ βλέψας in ras. pinxit R² ‖ v. 404 μ' ἐχρῆν] με χρὴ RBI' μέ χρῆν Ν | ΒΛΕ.] : R omm. ΒΓ | ὀπῷ] ὀπὸν Β ὁπῶ ΓΝ ‖ v. 405 τιθύμαλλον] τιθυμάλλου (posterius υ in ras. est) Β | ἐμβαλόντα] ἐκβαλλόντα corr. ex ἐκβαλόντα Γ ‖ v. 406 σαυτῷ] σαυτοῦ R σαυτῶ ΒΓΝ ‖ v. 408 ΑΝ. Β.] χρέμης Ν omm. RBΓ | μετὰ τοῦτον] μετατοῦτον R· | δεξιώτατος] δεξιώτατος — R ‖ v. 410 αὑτός γε] αὐτός γε Β | μέντοὔφασκεν] μὲν τοὔφασκεν R μέντ' οὔφασκεν Β μέντ' οὔ 'φασκεν Γ | ἱμάτιον] ἱμάτιόν γ' Β ‖ v. 413 καὐτόν] κ' αὐτόν R ‖ v. 414 σώσετε] σώσατε Β σώσητε Γ ‖ v. 415 ἢν] ἢν R | κναφῇς] κναφεῖς Β ‖ v. 416 χλαίνας] corr. ex χλαίνας R | τραπῇ] τραπῇ ΒΝ τράπῃ Γ ‖ v. 417 πλευρῖτις] πλευρίτις ἂν R πλευρίτις Γ·

ΕΚΚΛΗΣΙΑΖΟΥΣΑΙ. 35

ὅσοις δὲ κλίνη μή 'στι μηδὲ στρώματα,
ἰέναι καθευδήσοντας ἀπονενιμμένους
εἰς τῶν σκυλοδεψῶν· ἢν δ' ἀποκλῄῃ τῇ θύρᾳ 420
χειμῶνος ὄντος, τρεῖς σισύρας ὀφειλέτω.
ΒΛΕ. νὴ τὸν Διόνυσον, χρηστά γ'· εἰ δ' ἐκεῖνά γε
προσέθηκεν,·οὐδεὶς ἀντεχειροτόνησεν ἄν,
τοὺς ἀλφιταμοιβοὺς τοῖς ἀπύροις τρεῖς χοίνικας
δεῖπνον παρέχειν ἅπασιν, ἢ κλάειν μακρά, 425
ἵνα τοῦτ' ἀπέλαυσαν Ναυσικύδους τἀγαθόν.
ΑΝ. Β. μετὰ τοῦτο τοίνυν εὐπρεπὴς νεανίας
λευκός τις ἀνεπήδησ', ὅμοιος Νικίᾳ,
δημηγορήσων, κἀπεχείρησεν λέγειν
ὡς χρὴ παραδοῦναι ταῖς γυναιξὶ τὴν πόλιν. 430
εἶτ' ἐθορύβησαν κἀνέκραγον ὡς εὖ λέγοι,
τὸ σκυτοτομικὸν πλῆθος· οἱ δ' ἐκ τῶν ἀγρῶν
ἀνεβορβόρυξαν. ΒΛΕ. νοῦν γὰρ εἶχον νὴ Δία.

ADNOTATIO CRITICA.

v. 420 ἀποκλείῃ Abreschius ἀποκλῄῃ Dindorfius.

SCRIPTURAE DISCREPANTIA.

v. 418 μή 'στι] μῆστι R | μηδὲ] μὴ δὲ RBΓN ǁ v. 419 ἀπονενιμμένους] ἀπονεμιμμένους R ἀπονεννιμένους Γ ǁ v. 420 εἰς] ἐς RBΓN | τῶν] τὸν B | σκυλοδεψῶν] κυλοδεψὸν B κυλοδεψῶν ΓN | ἢν] ἢ ν R ἢν BN | ante ἢν spatium relictum est in R | ἀποκλῄῃ] ἀποκλίνῃ R ἀποκλίνη BΓN | τῇ] τῆς B τῇ ΓN | θύρᾳ] θύρας B θύρα ΓN ǁ v. 421 ὀφειλέτω] ὀφείλεται Γ ǁ v. 422 ΒΛΕ.] omm. RBΓ | χρηστά γ'] χρηστά γ΄ N | ἐκεῖνά γε] ἐκεῖνα γε B ǁ v. 423 οὐδείς] οὐδεὶς R ǁ v. 424 ἀλφιταμοιβοὺς] ἀλφιταμοιβὰς N | τοῖς] corr. ex τοὺς R² | ἀπόροις] ἀπύρροις N | χοίνικας] corr. ex χοινικας R² | τρεῖς χοίνικας verba unum versum efficiunt in R ǁ v. 425 μακρά] μακρὰν B μακρὰν παρέχειν (sic) Γ ǁ v. 426 ἀπέλαυσαν] ἀπέλαυσε B | Ναυσικύδους] ναυσιμήδης B*| τἀγαθόν] τ' ἀγαθόν RΓ τ' ἀγαθὸν N ǁ v. 427 ΑΝ. Β.] χρέμης N omm. RBΓ | μετὰ τοῦτο] μετατοῦτο R μετὰ τοῦτον B | τοίνυν] εὐθὺς in rasura, sed a prima manu (ortum esse videtur ex v. 408) B νῦν est in Γ | εὐπρεπὴς] εὐτρεπὴς BΓ ǁ v. 428 τις] τίς Γ | ἀνεπήδησ'] ἀνεπήδησεν BΓ | Νικίᾳ] νικία BΓN ǁ v. 429 κἀπεχείρησεν] κἀπιχείρησεν B κἀπεχείρησε ΓN ǁ v. 430 παραδοῦναι] παρὰ δοῦναι R ǁ v. 431 ἐθορύβησαν] ἐθορυβήθησαν Γ | κἀνέκραγον] κ' ἀνέκραγον R | λέγοι] λεγοι corr. ex λεγει R ǁ v. 432 οἱ δ'] οἳ δ' R οἳ δ' ΓN ǁ v. 433 ΒΛΕ.] : R omm. BΓ

3*

## ΕΚΚΛΗΣΙΑΖΟΤΣΑΙ.

*ΑΝ. Β.* ἀλλ' ἦσαν ἥττους· ὁ δὲ κατεῖχε τῇ βοῇ,
τὰς μὲν γυναῖκας πόλλ' ἀγαθὰ λέγων, σὲ δὲ   435
πολλὰ κακά. *ΒΛΕ.* καὶ τί εἶπε; *ΑΝ. Β.* πρῶτον μέν
σ' ἔφη
εἶναι πανοῦργον. *ΒΛΕ.* καὶ σέ; *ΑΝ. Β.* μὴ σὺ
τοῦτ' ἔρῃ.
κἄπειτα κλέπτην. *ΒΛΕ.* ἐμὲ μόνον; *ΑΝ. Β.* καὶ
νὴ Δία
καὶ συκοφάντην. *ΒΛΕ.* ἐμὲ μόνον; *ΑΝ. Β.* καὶ
νὴ Δία
τωνδὶ τὸ πλῆθος. *ΒΛΕ.* τίς δὲ τοῦτ' ἄλλως λέγει;
*ΑΝ. Β.* γυναῖκα δ' εἶναι πρᾶγμ' ἔφη νουβυστικὸν   441
καὶ χρηματοποιόν· κοὔτε τἀπόρρητ' ἔφη
ἐκ Θεσμοφόροιν ἑκάστοτ' αὐτὰς ἐκφέρειν,
σὲ δὲ κἀμὲ βουλεύοντε τοῦτο δρᾶν ἀεί.

ADNOTATIO CRITICA.

v. 437 μὴ σὺ e coniectura scripsi. — v. 442 cum molestum sit iteratum ἔφη, pro τἀπόρρητ' ἔφη scribendum esse videtur: τἀπόρρητα τά. — v. 444 βουλεύοντε luntina 2.

SCRIPTURAE DISCREPANTIA.

v. 434 *ΑΝ. Β.*] χρέμης *RN* omm. *BΓ* | τῇ βοῇ] τῇ βοῇ *BN* || v. 435 λίγων] om. *Γ* | σὲ] σε *R* σέ *Γ* || v. 436 *ΒΛΕ.*] : *R* omm. *BΓ* | *ΑΝ. Β.*] : *R* χρέμης *N* omm. *BΓ* || v. 437 *ΒΛΕ.*] : *R* omm. *BΓ* | καὶ σέ;] σέ : *Γ* | *ΑΝ. Β.*] : *R* χρέμης *N* omm. *BΓ* | μὴ σὺ] μή πω corr. ex μὴ πω *R* μή πω est etiam in *BN* μή *Γ* | τοῦτ'] πουτ' *Γ* | ἔρῃ] ἔρη *B* ἐρῇ *Γ* ἔρει *N* || v. 438 *ΒΛΕ.*] : *R* omm. *BΓ* | ἐμὲ] σὲ *R* | *ΑΝ. Β.*] : *R* χρέμης *N* omm. *BΓ* | κἄπειτα . . . μόνον: verba antecedenti versui adiecta sunt, reliqua: καὶ νὴ δία: insequenti in *Γ* | item χρέμης. καὶ νὴ δία verba insequenti versui adiecta sunt in *N* || v. 439 om. *R* in margine adscripsit *R*² | *ΒΛΕ.*] omm. *RBΓ* | *ΑΝ. Β.*] χρέμης *N* omm. *RBΓ* || v. 440 τωνδὶ] τῶνδὶ *RΓN* | *ΒΛΕ.*] : *R* omm. *BΓ* | τίς δὲ] τὶς δὴ *B* | ἄλλως] ἀλλως corr. ex αλλως *R*² || v. 441 *ΑΝ. Β.* | — *R* χρέμης *N* omm. *BΓ* | δ'] δέ γ' *B* | πρᾶγμ'] πρᾶγμ' *R* | εἶναι πρᾶγμ' ἔφη] ἔφη πρᾶγμ' εἶναι *BΓN* | νουβυστικόν] νού βυστικόν *R* νοῦ βαστικόν *B* νουβαστιξὸν *Γ* νουβαστικόν *N* || v. 442 κοῦτε] καί γε *B* κοῦτ' *ΓN* | τἀπύρρητ'] ἀπόρρητ' *ΓN* || v. 443 ἐκ] antecedenti versui addit *Γ* | Θεσμοφόροιν] θεσμοφύρων *ΓB* (in rasura, sed a prima manu est ων, scriptum fuerat, ut videtur, οιν in *B*) | x in ἐκφέρειν] in corr. pictum in *R* || v. 444 κἀμὲ] καμὲ *R* | βουλεύοντε] βουλεύονται *R* δουλεύοντε *ΓNB* (in rasura, sed a prima manu, est prius υ in *B*)

ΕΚΚΛΗΣΙΑΖΟΤΣΑΙ. 37

ΒΛΕ. καὶ νὴ τὸν Ἑρμῆν τοῦτό γ' οὐκ ἐψεύσατο. 445
ΑΝ. Β. ἔπειτα συμβάλλειν πρὸς ἀλλήλας ἔφη
ἱμάτια, χρυσόν, ἀργύριον, ἐκπώματα
μόνας μόναις, οὐ μαρτύρων ἐναντίον·
καὶ ταῦτ' ἀποφέρειν πάντα κοὐκ ἀποστερεῖν·
ἡμῶν δὲ τοὺς πολλοὺς ἔφασκε τοῦτο δρᾶν. 450
ΒΛΕ. νὴ τὸν Ποσειδῶ, μαρτύρων γ' ἐναντίον. 451
ΑΝ. Β. ἕτερά τε πλεῖστα τὰς γυναῖκας ηὐλόγει. 454
οὐ συκοφαντεῖν, οὐ διώκειν, οὐδὲ τὸν 452
δῆμον καταλύειν, κἄλλα πολλὰ κἀγαθά. 453
ΒΛΕ. τί δῆτ' ἔδοξεν; ΑΝ. Β. ὅ τι; ἐπιτρέπειν τὴν πόλιν 455
ταύταις. ἐδόκει γὰρ τοῦτο μόνον ἐν τῇ πόλει
οὔπω γεγενῆσθαι. ΒΛΕ. καὶ δέδοκται; ΑΝ. Β.
φήμ' ἐγώ.
ΒΛΕ. ἅπαντ' ἄρ' αὐταῖς ἐστὶ προστεταγμένα
ἃ τοῖσιν ἀστοῖς ἔμελεν; ΑΝ. Β. οὕτω ταῦτ' ἔχει.

ADNOTATIO CRITICA.

v. 447 χρυσόν Bentleius (χρυσίον Suidas). — v. 448 γ' post μαρτύρων delevit Dobraeus. — vv. 452—454 transposuit et in v. 453 κἄλλα scripsit Ottomarus Bachmann. — v. 455 ΑΝ. Β. ὅ τι; ἐπιτρέπειν τὴν πόλιν Blaydesius, sed praestat fortasse, ut scribamus: ΑΝ. Β. ἐπιτρέπειν τὰ πράγματα. — v. 458 ἄρ' αὐταῖς Cobetus.

SCRIPTURAE DISCREPANTIA.

v. 445 ΒΛΕ.] omm. RBΓ | καὶ νὴ τὸν Ἑρμῆν] και τὸν ἐρμην Γ | τοῦτό γ'] τοῦτο γ' RΓΝ ‖ v. 446 ΑΝ. Β.] χρέμης Ν omm. RBΓ | ἀλλήλας] corr. ex ἀλλήλους Β ‖ v. 447 χρυσόν] χρύσι' R χρυσία BΓ χρυσί' Ν ‖ v. 448 οὐ] γ' οὐ BΓ | ἐναντίον| γ' εναντίον R γ' ἐναντίον Ν ‖ v. 449 κοὐκ] κ' οὐκ R vv. 450—455 in codicibus ordo is est, quem numeri indicant supra in margine appicti ‖ v. 451 ΒΛΕ.] omm. RBΓ | γ' ἐναντίον] γ' εναντίον R τ' ἐναντίον BΓΝ ‖ v. 454 ΑΝ. Β.] omm. RBΓΝ | ηὐλόγει] εὐλογεῖ R εὐλόγει BΓΝ ‖ v. 452 praefixit χρέμης Ν | οὐδὲ] οὐδε R ‖ v. 453 δῆμον] antecedenti versui adiectum est BN | κἄλλα] ἀλλὰ RBΓΝ | πολλὰ] πόλλα Γ πολλὰ τε Ν | κἀγαθά] κἀγαθὰ βλάπτειν BΓ ‖ v. 455 ΒΛΕ.] omm. RBΓ | ΑΝ. Β.] χρέμης Ν omm. RBΓ | ὅ τι] oinm. RBΓΝ | ἐπιτρέπειν] ἐπιτρέπειν σε RΓΝ ἐπιτρέπειν γε Β ‖ v. 456 τῇ]] τῇ BΓΝ ‖ v. 457 ΒΛΕ.] : R omm. BΓ | ΑΝ. Β.] : R χρέμης Ν omm. BΓ ‖ v. 458 ΒΛΕ.] omm. RBΓ | ἅπαντ' ἄρ'] ἅπαντά θ' R ἅπαντά τ' Β ἅπαντα τ' Γ ἅπαντα θ' Ν | ἐστί] εστι Β ἔστι Ν ‖ v. 459 ἔμελεν] ἔμελλεν R τ' ἔμελλεν ΓΝ | ΑΝ. Β.] : Γ χρέμης Ν omm. RB | οὕτω] οὔπω BΓ

ΕΚΚΛΗΣΙΑΖΟΥΣΑΙ.

*ΒΛΕ.* οὐδ' εἰς δικαστήριον ἄρ' εἶμ', ἀλλ' ἡ γυνή; 460
*ΑΝ. Β.* οὐδ' ἔτι σὺ θρέψεις οὒς ἔχεις, ἀλλ' ἡ γυνή.
*ΒΛΕ.* οὐδὲ στένειν τὸν ὄρθρον ἔτι πρᾶγμ' ἀρά μοι;
*ΑΝ. Β.* μὰ Δί', ἀλλὰ ταῖς γυναιξὶ ταῦτ' ἤδη μέλει·
σὺ δ' ἀστενακτὶ περδόμενος οἴκοι μενεῖς.
*ΒΛΕ.* ἐκεῖνο δεινὸν τοῖσιν ἡλίκοισι νῷν, 465
μὴ παραλαβοῦσαι τῆς πόλεως τὰς ἡνίας
ἔπειτ' ἀναγκάζωσι πρὸς βίαν *ΑΝ. Β.* τί δρᾶν;
*ΒΛΕ.* βινεῖν ἑαυτάς. ἢν δὲ μὴ δυνώμεθα,
ἄριστον οὐ δώσουσι. *ΑΝ. Β.* σὺ δέ γε νὴ Δία
δρᾶ ταῦθ', ἵν' ἀριστᾷς τε καὶ βινῇς ἅμα. 470
*ΒΛΕ.* τὸ πρὸς βίαν δεινότατον. *ΑΝ. Β.* ἀλλ' εἰ τῇ πόλει
τοῦτο ξυνοίσει, ταῦτα χρὴ πάντ' ἄνδρα δρᾶν.
*ΒΛΕ.* λόγος γέ τοί τις ἔστι τῶν γεραιτέρων,
ὅσ' ἂν ἀνόητ' ἢ μῶρα βουλευσώμεθα,

ADNOTATIO CRITICA.

v. 462 ἀρά μοι Kusterus. — vv. 468 et 469 ἢν δὲ μὴ δυνώμεθα, ἄριστον οὐ δώσουσι verba Blepyro continuavi. — v. 468 et v. 470 βινεῖν et βινῇς Dindorfius. — v. 473 praefixit B*ΛΕ.* Meinekius. — γέ τοί Suidas. v. 471 ἀνόητ' ἢ Beqtleius.

SCRIPTURAE DISCREPANTIA.

v. 460 *ΒΛΕ.*] omm. *RBΓ* | οὐδ' εἰς] οὐδείς *N* | εἶμ'] εἶμ' *ΒΓN* | γυνή| corr. ex γυνὴ *R* || v. 461 *ΑΝ. Β.*] om. *R* χρέμης *N* | οὐδ' ἔτι] οὐδὲ τί *N* (οὐδ' ἔτι *R*) | hic versus omissus est in *ΒΓ* || v. 462 *ΒΛΕ.*| omm. *RBΓ* | στένειν] στέγειν *N* | πρᾶγμ'] πρᾶγμ' *R* | ἀρά μοι] ἀρά μοι *RΓ* ἔστι μοι *B* ἀρά μοι *N* || v. 463 *ΑΝ. Β.*] χρέμης *N* omm. *RBΓ* | μέλει] μέλλει *N* || v. 464 ἀστενακτὶ| ἀστενακτεὶ *N* | μενεῖς.] μ ` ̈ : *N* || v. 465 *ΒΛΕ.*] omm. *RBΓ* || v. 466 παραλαβοῦσαι] παρὰ λαβοῦσαι *R* | ἡνίας] ἡνίας *N* || v. 467 ἀναγκάζωσι] ἀναγκάζουσι *ΒΓ* | πρὸς βίαν] προσβίαν *R* ¦ *ΑΝ. Β.*] : *R* χρέμης *N* omm. *ΒΓ* || v. 468 *ΒΛΕ.*] omm. *RBΓ* | βινεῖν] κινεῖν *RBΓN* | ἑαυτάς] corr. ex ἑαυτὰς *R* | ante ἢν est: *R* χρέμης *N* | ἢν] ἢν *R* || v. 469 praefixum est — *R* βλέ<sup>πο</sup> *N* | δώσουσι] δώσουσιν *Γ* | *ΑΝ. Β.*| : *R* χρέμης *N* omm. *ΒΓ* | δέ γε] δέ γε *B* || v. 470 ἀριστᾷς] ἀριστὰς *RB* ἀριστὰ *ΓN* | τε] τὲ *R* | βινῇς] κινῇς corr. ex κινεῖς *R* κινῇς est in *B* κινεῖς *ΓN* || v. 471 *ΒΛΕ.*] — *R* omm. *ΒΓ* | *ΑΝ. Β.*] χρέμης *N* omm. *RBΓ* | εἰ] ἢ *Γ* | τῇ πόλει] τῇ πόλει — *R* τῇ πόλει *BN* || v. 473 *ΒΛΕ.*] omm. *RBΓN* | γέ τοί τις ἔστι] τέ τοι τίς ἐστὶ *R* τέ τοι τίς ἐστι *ΒΓN* | γεραιτέρων] γηραιτέρων *ΓN* || v. 474 ὅσ' ἂν ἀνόητ' ἢ μῶρα] ὅς ἂν ἀνόητα χ' ἢ μῶρα *R* ἀνόηθ' ὅσ' ἂν καὶ μωρὰ *Β* ὅσ'

ΕΚΚΛΗΣΙΑΖΟΤΣΑΙ. 39

ἅπαντ' ἐπὶ τὸ βέλτιον ἡμῖν ξυμφέρειν. 475
ΑΝ. Β. καὶ ξυμφέροι γ', ὦ πότνια Παλλὰς καὶ θεοί.
ἀλλ' εἶμι· σὺ δ' ὑγίαινε. ΒΛΕ. καὶ σύ γ', ὦ
Χρέμης.
ΚΟΡ. ἔμβα, χώρει.
ἆρ' ἔστι τῶν ἀνδρῶν τις ἡμῖν ὅστις ἐπακολουθεῖ;
στρέφου, σκόπει, 480
φύλαττε σαυτὴν ἀσφαλῶς, πολλοὶ γὰρ οἱ πανοῦργοι,
μή πού τις ἐξόπισθεν ὢν τὸ σχῆμα καταφυλάξῃ.
ΗΜΙΧ. Αα. ἀλλ' ὡς μάλιστα τοῖν ποδοῖν ἐπικτυπῶν βάδιζε.
ἡμῖν δ' ἂν αἰσχύνην φέροι
πάσαισι παρὰ τοῖς ἀνδράσιν τὸ πρᾶγμα τοῦτ'
ἐλεγχθέν. 485

ADNOTATIO CRITICA.

v. 482 ἐξόπισθεν Blaydesius.

SCRIPTURAE DISCREPANTIA.

ἂν ἀνοῄτα καὶ μωρὰ Γ ὅσ' ἂν ἀνόητα καὶ μῶρα Ν ‖ v. 475 ἐπὶ
τὸ] επιτὸ R | ἡμῖν] ἥμιν RΓN ‖ v. 476 ΑΝ. Β.] χρέ͜ R omm.
ΒΓN ‖ v. 477 σὺ δ'] σύ δ' Γ | ΒΛΕ.] — R omm. ΒΓ | σύ γ']
σὺ γ' N ‖ In vv. 477—504 verba ita disposita sunt, ut singuli
versus finiantur vocabulis: χώρει | ἐπακολουθεῖ | σκόπει | πανοῦρ-
γοι | καταφυλάξῃ | βάδιζε | φέροι | ἐλεγχθέν | σεαυ (in σεαυτήν) |
περισκοπουμένη | δεξιᾶς | πρᾶγμα | ἤδη | ἧμεν | στρατηγὸς | πολί-
ταις | ἐπαναμενούσας | ὄψεται ἡμᾶς | κατείπῃ | σκιᾶς | τειχίον | θα-
τέρῳ | ἦσθα | ἡμῶν | ἐπείγου | ἔχουσα | ἔχουσαι R — χώρει (sed in
B et Γ ita, ut ἔμβα, χώρει. verba antecedenti versui adiecta
sint) | ἐπακολουθεῖ (etiam post σκόπει novus versus incipit in N) |
πανοῦργοι | καταφυλάξῃ | βάδιζε | φέροι | ἐλεγχθέν | σεαυτήν | δεξιᾶς
(ξυμφορὰ Γ) | πρᾶγμα | ἤδη | ἧμεν | στρατηγὸς | πολίταις | ἐπανα-
μενούσας | ὄψεται ἡμᾶς | σκιὰς | θατέρῳ | ἦσθα | ἡμῶν | ἐπείγου |
ἔχουσα | ἔχουσαι ΒΓN — v. 478 ΚΟΡ.] χορὸς RN omm. ΒΓ ‖ v.
479 ἆρ'] ἄρ' RΓ | ἔστι] ἐστὶ R ἐστὶ ΒΓ | τις ἡμῖν] τίς ἥμιν
RN ‖ v. 481 φύλαττε] φύλασσε ΒΓ | σαυτήν] σεαυτήν Β σεαυτὸν
Γ ‖ v. 482 πού τις | που τίς RN που τις Γ | ἐξόπισθεν] ἐκ τοῦ-
πισθεν RΒΓN | καταφυλάξῃ] φυλάξῃ ΒΓ καταφυλάξῃ N ‖ v. 483
ΗΜΙΧ. Αα.] omm. RΒΓN | ὡς] ὦ ΒΓ | ἐπικτυπῶν] corr. ex
ἐπικτυπῶν R ἐπὶ κτυπῶν est in Γ = v. 484 δ' ἂν] δέ γ' Β δ'
ΓN | φέροι] φέρει Β ‖ v. 485 τοῖς] ταῖς Γ | ἀνδράσιν] ἀν-
δράσι R corr. in ἀνδράσι R² ἀνδράσι est etiam in ΒN | τοῦτ']
τοῦτο Γ

πρὸς ταῦτα συστέλλου σεαυ-
τήν, εὖ περισκοπουμένη
τἀνθένδε καὶ τἀκεῖσε καὶ
τἀκ δεξιᾶς, μὴ ξυμφορὰ τὸ πρᾶγμά σοι γένηται.
HMIX. Αβ. ἀλλ' ἐγκονῶμεν· τοῦ τόπου γὰρ ἐγγύς ἐσμεν ἤδη
ὅθενπερ εἰς ἐκκλησίαν ὡρμώμεθ', ἡνίκ' ᾖμεν· 490
τὴν δ' οἰκίαν ἔξεσθ' ὁρᾶν ὅθενπερ ἡ στρατηγὸς
ἔσθ' ἡ τὸ πρᾶγμ' εὐρυῦσ' ὃ νῦν ἔδοξε τοῖς πολίταις.
HMIX. Βα. ὥστ' εἰκὸς ἡμᾶς μὴ βραδύνειν ἔστ' ἐπαναμε-
νούσας,
πώγωνας ἐξηρτημένας,
μὴ καί τις ἐξόπισθεν ᾖ χἠμῶν ἰδὼν κατείπῃ. 495
ἀλλ' εἶα δεῦρ' ὑπὸ σκιᾶς
ἐλθοῦσα πρὸς τὸ τειχίον,
483—492 = 493—503

ADNOTATIO CRITICA.

v. 487 εὖ Bentleius. — v. 487 b τἀνθένδε καὶ supplevit Cobetus. — τἀκεῖσε Faber. — v. 488 τὸ πρᾶγμά σοι γένηται. e coniectura scripsi (idem inter alia proposuit Blaydesius.) — v. 490 ὡρμώμεθ' Portus. — v. 495 ἐξόπισθεν ᾖ e coniectura quamvis admodum incerta scripsi. — ἰδὼν Meinekius. — v. 496 ὑπὸ σκιᾶς Bachmannus.

SCRIPTURAE DISCREPANTIA.

v. 486 σεαυτήν,] σεαυτήν ·:- Γ | εὖ] καὶ R Γ N om. B | πε-
ρισκοπουμένη] περὶ σκοπουμένη R ‖ v. 487 τἀνθένδε καὶ] omm.
R B Γ N | τἀκεῖσε] κακεῖσε R κἀκεῖσε B Γ N ‖ v. 488 καὶ τἀκ
δεξιᾶς] καὶ τακ' δεξιᾶς R καὶ τά τ' ἐκ δεξιῶν B καὶ τά τ' ἐκ δεξιᾶς
Γ καὶ τά τ' ἐκ δεξιᾶς N | ξυμφορὰ] ξυμφορᾷ R | τὸ πρᾶγμά σοι
γένηται] γενήσεται τὸ πρᾶγμα R Ι'N γένηται τὸ πρᾶγμα B ‖ v. 489
HMIX. Αβ.] omm. R B Γ N | ἐγγύς ἐσμεν] ἐγγύς ἐσμὲν R B Γ N ‖
v. 490 ὅθενπερ] ὅθενπερ R | ἐκκλησίαν] ἐκλησίαν R | ὡρμώμεθ']
ὁρμώμεθ' R N ὁρμώμεθα B Γ | ᾖμεν] ἤμεν R ἤμεν Γ N ‖ v. 491 οἰκίαν]
ο κίαν ras. corr. ex οἰκίαν R | ὁρᾶν] ὁρᾷν Γ | ἡ] corr. ex ὁ B | στρατη-
γὸς] corr. ex στρατηγός R | v. 492 ἡ] ἡ N | πρᾶγμ'] πρᾶγμα Γ | εὐ-
ρυῦσ'] ευρουσα R εὑροῦσα Γ N ‖ v. 493 HMIX. Βα.] omm. R B Γ N |
ἡμᾶς] omm. Β Γ | inter εἰκὺς et μὴ supra versum scripsit: ἐστι
prima manus in B | ἔστ'] om. B ‖ v. 495 μὴ καί τις] μή κε τις
R | ἐξόπισθεν ᾖ] ὄψεθ' ἡμᾶς R ὄψαιτο ἡμᾶς Β Γ ὄψεθ' ἡμᾶς N |
χἠμῶν] χ'ἡμῶν R Ι'N χἠμῶν B | ἰδὼν] ἴσως R N εἴσω B ἴσω Γ |
κατείπῃ] κατέπτη Β Γ N ‖ v. 496 εἶα] εἴα Β Γ N (εἶα R) | ὑπὸ
σκιᾶς] ἐπὶ (ἐπι R) σκιᾶς R Γ N ἐπὶ σκιᾶ B

ΕΚΚΛΗΣΙΑΖΟΤΣΑΙ. 41

παραβλέπουσα θατέρω,
πάλιν μετασκεύαζε σαυτήν αύθις ήπερ ήσθα.
ΗΜΙΧ. Ββ. καὶ μὴ βράδυν'· ὡς τήνδε καὶ δὴ τὴν στρατη-
γὸν ἡμῶν 500
χωροῦσαν ἐξ ἐκκλησίας ὁρῶμεν. ἀλλ' ἐπείγου
ἅπασα καὶ μίσει σάκον πρὸς τοῖν γνάθοιν ἔχουσα·
χαῦται γὰρ ἥκουσιν πάλιν τὸ σχῆμα τοῦτ' ἔχουσαι.
ΠΡΑ. ταυτὶ μὲν ἡμῖν, ὦ γυναῖκες, εὐτυχῶς
τὰ πράγματ' ἐκβέβηκεν ἁβουλεύσαμεν. 505
ἀλλ' ὡς τάχιστα, πρίν τιν' ἀνθρώπων ἰδεῖν, 506
ῥιπτεῖτε χλαίνας, ἐμβὰς ἐκποδὼν ἴτω, 507
βακτηρίας ἄφεσθε· καὶ μέντοι σὺ μὲν 509
χάλα συναπτοὺς ἡνίας πωγωνικάς· 508

ADNOTATIO CRITICA.

v. 502 τοῖν Meinekius. — ἐκόντα scripserim pro ἔχουσα codicum, sed retinet me Plutus 645 φιλεῖς δὲ δρῶσ'. — v. 503 πάλιν Dobraeus, sed, etsi mihi τοῦτ' cum πάλιν coniunctum offensionem non movet, tamen nescio, an πάλαι retinendum et versus scribendus sit: χαῦται γὰρ ἥκουσιν πάλαι τὸ σχῆμα μεταβαλοῦσαι· (Nunc video idem conie- cisse Wecklinium.) — v. 509 ante v. 508 transposui, ceterum Praxa- gora σὺ μὲν verbis eam mulierem alloquitur, quae coryphaei partes agit. — v. 508 πωγωνικάς Otto Schneider cfr. Vesp. 1132 τριβωνι- κῶς. Corruptela λακωνικάς inde nata est, quod ad verba v. 507 ἐμβὰς ἐκποδὼν ἴτω adscriptum erat interpretamentum: ἀποδύεσθε τὰς λακω- νικάς. cfr. vv 345, 269, 74.

SCRIPTURAE DISCREPANTIA.

v. 498 παραβλέπουσα] παρὰ βλέπουσα R | θατέρω] θατέρω ΒΓΝ ‖ v. 499 μετασκεύαζε] μετὰ σκεύαζε R | ἥπερ] ὅπερ B ἥπερ Γ ‖ v. 500 ΗΜΙΧ. Ββ.] omm. RBΓN | βράδυν'] βράδυνε RBΓN | τήνδε] τὴν δὲ R τὴν δε B | ἡμῶν] ἥμων N ‖ v. 501 ἐξ ἐκκλησίας] ἐξεκκλησίας R | ἐπείγου] ἐπείγου – Γ ‖ v. 502 ἅπασα] ἅπασα: Γ | πρὸς τοῖν] προσταῖν R πρὸς ταῖν ΒΓΝ ‖ v. 503 χαῦ- ται] χ' αὗται R χαῦται B χ' αὗται N | πάλιν] πάλαι RBΓN ‖ v. 504 ΠΡΑ.] omm. BΓ | μὲν ἡμῖν, ὦ γυναῖκες,] μὲν ὦ γυναῖκες (hoc corr. ex γυναῖγυκες) ἡμῖν (corruptela sic orta est: ταυτὶ μὲν ὦ γυναῖκες ἡμῖν) R ‖ v. 505 ἁβουλεύσαμεν] ἃ βουλεύσαμεν R ἃ 'βουλεύσαμεν ΒΓΝ ‖ v. 506 πρίν τιν'} πρὶν τίν' Γ ‖ vv. 507 —510 in codicibus ordo is est, quem numeri indicant supra in margine appicti ‖ v. 507 χλαίνας] χλαίνας N | ἐκποδὼν] ἐκποδῶν RΓN | ἴτω| ἴτω R ‖ v. 509 μέντοι] μὲν τοι Γ ‖ v. 508 συναπ- τοὺς] συνάπτουσ' R corr. in συναπτοῦσ' R² συνάπτουσ' est in B | πωγωνικάς] λακωνικας R λακωνικὰς BN λακωνικάς Γ

ταύτας κατευτρέπιζ'· ἐγὼ δὲ βούλομαι 510
εἴσω παρερπύσασα, πρὶν τὸν ἄνδρα με
ἰδεῖν, καταθέσθαι θοἰμάτιον αὐτοῦ πάλιν
ὅθενπερ ἔλαβον τἄλλα θ' ἁξηνεγκάμην.
ΚΟΡ. κεῖται καὶ δὴ πάνθ' ἅπερ εἶπας· σὸν δ' ἔργον τἄλλα
διδάσκειν,
ὅ τι σοι δρῶσαι ξύμφορον ἡμεῖς δόξομεν ὀρθῶς
ὑπακούειν. 515
οὐδεμιᾷ γὰρ δεινοτέρᾳ σου ξυμμίξασ' οἶδα γυναικί.
ΠΡΑ. περιμείνατέ νυν, ἵνα τῆς ἀρχῆς, ἣν ἄρτι κεχειρο-
τόνημαι,
ξυμβούλοισιν πάσαις ὑμῖν χρήσωμαι. καὶ γὰρ
ἐκεῖ μοι
ἐν τῷ θορύβῳ καὶ τοῖς δεινοῖς ἀνδρειόταται γε-
γένησθε.
ΒΛΕ. αὕτη, πόθεν ἥκεις, Πραξαγόρα; ΠΡΑ. τί δ', ὦ
μέλε, 520

---

ADNOTATIO CRITICA.

v. 514 κεῖται καὶ δὴ Dobraeus.

---

SCRIPTURAE DISCREPANTIA.

v. 510 κατευτρέπιζ'] κατευτρέπιζε Γ' ‖ v. 511 πρὶν τὸν ἄνδρα με] πρὶν τὸν ἄνδρα με R πρὶν τι δρᾶν ἐμέ B ‖ v. 512 θοἰμάτιον] θοἰμάτιον RΓ θοἰμάτιον B θ' οἰμάτιον N ‖ v. 513 τἄλλα θ'] τἄλλά θ' R τἄλλα θ' Γ τ' ἄλλα θ' N | ἁξηνεγκάμην] ἀξηνεγκάμην R ἅ ξυνέκαμεν B ἅ ξυνενεγκάμην Γ' ἅ 'ξηνέγκαμεν N ‖ v. 514 ΚΟΡ.] χορὸς RN omm. BΓ | καὶ] omm. RBΓN | δὴ πάνθ'] δὲ πάνθ' B | τἄλλα] τ' ἄλλα N ‖ v. 515 ξύμφορον] συμφέρον (in ras., sed a prima manu est ον) B ξυμφέρον Γ ‖ v. 516 οὐδεμιᾷ] οὐδεμιᾷ R οὐδεμία BΓ οὐδὲ μιᾷ N | δεινοτέρᾳ] δεινοτέρα BΓN | ξυμμίξασ'] συμμίξασ' (in ras., sed a prima manu est posterius σ') B ξυμμίξας Γ | οἶδα γυναικί] οἶδαννακί (sic) N ‖ v. 517 ΠΡΑ.] omm. RBΓ | περιμείνατέ νυν] περὶ μείνατε νῦν R παραμείνατε νῦν BΓ περιμείνατε νῦν N | ἤν] ἥν R ‖ vv. 518—522 his vocabulis terminantur: θορύβῳ | γεγένησθε | Πραξαγόρα | εὐηθικῶς B θορύβῳ | αὕτη | Πραξαγόρα | εὐηθικῶς Γ ‖ v. 518 πάσαις] ἁπάσαις BΓN | ὑμῖν] ἡμῖν N | χρήσωμαι] χρήσομαι N ‖ v. 519 τῷ θορύβῳ] τῶ θορύβω BN ‖ v. 520 ΒΛΕ.] — R ὁ ἀνὴρ N omm. BΓ | κ in ἥκεις] in ras. est, sed a prima manu B | ΠΡΑ.] : R omm. BΓ

ΕΚΚΛΗΣΙΑΖΟΤΣΛΙ. 43

ΙΙΡΑ.
ΒΑΕ.
ΙΙΡΑ.
ΠΡΑ.

σοὶ τοῦθ'; ΒΛΕ. ὅ τί μοι τοῦτ' ἔστιν; ὡς εὐηθικῶς.
οὔ τοι παρά του μοιχοῦ γε φήσεις. ΒΑΕ. οὐκ ἴσως
ἑνός γε. ΙΙΡΑ. καὶ μὴν βασανίσαι σοι τουτογὶ
ἔξεστι. ΒΑΕ. πῶς; ΙΙΡΑ. εἰ τῆς κεφαλῆς ὄζω μύρου.
τί δ'; οὐχὶ βινεῖται γυνὴ κἄνευ μύρου; 525
οὐ δῆτα, τάλαν, ἔγωγε. ΒΑΕ. πῶς οὖν ὄρθριον
ᾤχου σιωπῇ θοἰμάτιον λαβοῦσά μου;
γυνή μέ τις νύκτωρ ἑταίρα καὶ φίλη
μετεπέμψατ' ὠδίνουσα. ΒΑΕ. κᾳ̈τ' οὐκ ἦν ἐμοὶ
φράσασαν ἰέναι; ΠΡΑ. τῆς λεχοῦς δ' οὐ φρον-
τίσαι, 530
οὕτως ἐχούσης, ὤνερ; ΒΑΕ. εἰπούσάν γ' ἐμοί.

ADNOTATIO CRITICA.

v. 521 τοῦθ' Aldina. — v. 522 παρά του scripsi pro παρὰ τοῦ cfr. Acharnenses v. 415 (apud Meinekium). — v. 523 βασανίσαι σοι τουτογὶ Elmsleius. — v. 526 οὐ δῆτα, τάλαν, ἔγωγε. Reiskius.

SCRIPTURAE DISCREPANTIA.

v. 521 σοὶ] σοι R σοὶ Γ | τοῦθ'] τοῦτο R B Γ N | ΒΑΕ.] ἀνὴρ N omm. R B Γ | ὅ τί] ὅτι R B N | ἔστιν] εστιν R ἐστὶν B N | ὡς] πρᾷ ὡς N ‖ v. 522 ΙΙΡΑ.] omm. R B Γ N | παρά του] παρὰ τοῦ R B Γ N | μοιχοῦ] μοι R χοῦ supra versum adscripsit R² | ΒΑΕ.] : R ἀνὴρ N omm. B Γ | οὐκ] ουκ' R ‖ v. 523 ἑνός] omisit in lacuna prima manus, supplevit tertia illa, quae et ipsa atramento usa est, in N | ΠΡΑ.] : R omm. B Γ | βασανίσαι] βασανίσι N | σοι τουτογὶ] τουτὶ γέ σοι R B N τουτί γέ σοι Γ ‖ v. 524 ΒΑΕ.] : R ἀνὴρ N omm. B Γ | ΠΡΑ.] : R omm. B Γ | Β Γ ‖ v. 525 om. R, in margine inferiore adscr. R² | ΒΑΕ.] ἀνὴρ N omm. R² B Γ | τί δ'; οὐχὶ] τί δ' οὐχὶ R² B Γ N | κἄνευ] ἄνευ B Γ | μύρου] μοίρου R² ‖ v. 526 ΠΡΑ.] — R omm. B Γ | οὐ δῆτα, τάλαν] σὺ δὴ (δή N) τάλαιν R B Γ N | ΒΑΕ.] : R ἀνὴρ N omm. B Γ | ὄρθριον] ὄρθρον — R ‖ v. 527 ᾤχου] ᾤχου B N | σιωπῇ] σὺ καὶ πῇ B σιπῇ Γ σιωπῇ N | θοἰμάτιον] θοιμάτιον R Γ N θοιμάτιον B | λαβοῦσά] λαβοῦσα B | μου] μοι B Γ N ‖ v. 528 ΠΡΑ.] — R omm. B Γ | γυνή] γυνὴ R B | ἑταίρα] ἑταῖρα R N | φίλη] φίλη — Γ ‖ v. 529 ΒΑΕ.] : R ἀνὴρ N omm. B Γ | κᾳ̈τ'] κᾶτ' R κᾶτ' B Γ N | ἦν] ἦν Γ ‖ v. 530 φράσασαν] φράσουσαν N | ΠΡΑ.] : R omm. B Γ | λεχοῦς] λέχουσ' R | δ' οὐ] δ' ἦν B ‖ v. 531 ὤνερ] ὦ 'νερ B ὦ "νερ Γ N | ΒΑΕ.] : R ἀνηρ N omm. B Γ | εἰπούσάν] εἰπούσαν B Γ N | γ' ἐμοί] γέ μοι B Γ N (γ' εμοὶ R)

ἀλλ' ἔστιν ἐνταυθὶ κακόν τι. ΠΡΑ. μὰ τὼ θεώ,
ἀλλ' ὥσπερ εἶχον ᾠχόμην· ἐδεῖτο δὲ
ἥπερ μεθῆκέ μ' ἐξιέναι πάσῃ τέχνῃ.
ΒΛΕ. εἶτ' οὐ τὸ σαυτῆς ἱμάτιον ἐχρῆν σ' ἔχειν;   535
ἀλλ' ἔμ' ἀποδύσασ', ἐπιβαλοῦσα τοὔγκυκλον,
ᾤχου καταλιποῦσ' ὡσπερεὶ προκείμενον,
μόνον οὐ στεφανώσασ' οὐδ' ἐπιθεῖσα λήκυθον.
ΠΡΑ. ψῦχος γὰρ ἦν, ἐγὼ δὲ λεπτὴ κἀσθενής·
ἔπειθ' ἵν' ἀλεαίνοιμι, τοῦτ' ἠμπεσχόμην·   540
σὲ δ' ἐν ἀλέᾳ κατακείμενον καὶ στρώμασιν
κατέλιπον, ὦνερ. ΒΛΕ. αἱ δὲ δὴ Λακωνικαὶ
ᾤχοντο μετὰ σοῦ κατὰ τί χή βακτηρία;
ΠΡΑ. ἵνα θοἰμάτιον σώσαιμι, μεθυπεδησάμην

ADNOTATIO CRITICA.

v. 532 ἐνταυθὶ Bothius. — κακόν τι Cobetus. — v. 540 ἠμπισχόμην grammaticus in Bekkeri anecdotis.

SCRIPTURAE DISCREPANTIA.

v. 532 ἐνταυθὶ κακόν τι] ἐνταῦθά (ἐνταῦθα Β1') τι (τί Β) κακόν (κακὸν Β1') ΡΒΓΝ | ΠΡΑ.] : R omm. ΒΓ ‖ v. 533 ᾠχόμην | ᾠχόμην ΒΝ ‖ v. 534 ἥπερ] ἤπερ R | μεθῆκέ μ'] μεθῆκε μ' ΒΓΝ | πάσῃ τέχνῃ | πάσῃ τέχνη ΒΝ ‖ v. 535 ΒΛΕ.] ὁ ἀνήρ: R ἀνὴρ Ν omm. Β1' | εἶτ' οὐ τὸ] εἰ τοῦτο ΓΝ | ἱμάτιον] ἱμάτιόν γ' Β | ἐχρῆν σ'] ἐχρῆν Β σ' ἐχρῆν Γ | ἔχειν;] corr. in ἔχειν· (sic) R ‖ v. 536 ἔμ' | ἐμ̈ (sic) Ν | ἀποδύσασ'] ἀποδύσας R ἀποδύσασά σ' Ν | ἐπιβαλοῦσα] ἐπιλαβοῦσα Ν | τοὔγκυκλον] τούγκυκλον R τοῦ κύκλου Β τοῦ κύκλον Γ ‖ v. 537 ᾤχου] ᾤχου ΒΓΝ | iu καταλιποῦσ'] ι in ras. est, sed a prima manu in Β κατὰ λιποῦσ' est in R | ὡσπερεὶ] ὥσπερει' RΓ ὡσπερεὶ corr. prima manus ex ὥσπερεὶ in Ν ‖ v. 538 μόνον οὐ] μονονοὺ Β | φ in στεφανώσασ'] in ras. est, sed a prima manu in Β | λήκυθον] λύκηθον Ν ‖ v. 539 ΠΡΑ.] om. R — add. R² omm. ΒΓ | ψῦχος] ψύχος RΒΓΝ | ἦν] ἦν Γ | κἀσθενής] κ' ἀσθενὴς R ‖ v. 540 ἵν' ἀλεαίνυιμι] ἵνα λεαίνοιμι Ν (ἵν' αλεαίνοιμι R) | ἠμπεσχόμην] ἠμπισχόμην R ἠμπισχόμην ΒΝ ἠμπισχημένον Γ ‖ v. 541 σὲ] σέ Γ | δ' ἐν ἀλέᾳ] δ' ἐν ἀλέα ΒΓ δ' ἐναλέα Ν | ω in στρώμασιν] in ras. est, sed a prima manu in Β ‖ v. 542 κατέλιπον] κατέλειπον R | ὦνερ] ὦνερ R ὦ 'νερ (in ras., sed a prima manu est ερ) Β ὦ ̈νερ ΓΝ | ΒΛΕ.] : R ἀνὴρ Ν omm. ΒΓ | αἱ] in ras., sed a prima manu in Β ‖ v. 543 ᾤχοντο] ᾤχοντο ΒΝ | μετὰ σοῦ] μετασοῦ R | κατὰ τί χή] κατὰ τί χ' ἡ R κἄστι χή Β κἄστι χ' ἡ Γ κατίσχ' ἡ Ν ‖ v. 544 ΠΡΑ.] om. R — add. R² omm. ΒΓ | θοἰμάτιον] θοιμάτιον RΓΝ θοἰμάτιον Β | μεθυπεδησάμην] μεθ' ὑπεδησάμην R

ΕΚΚΛΗΣΙΑΖΟΤΣΑΙ. 45

μιμουμένη σε καὶ κτυποῦσα τοῖν ποδοῖν 545
καὶ τοὺς λίθους παίουσα τῇ βακτηρίᾳ.
ΒΛΕ. οἶσθ᾽ οὖν ἀπολωλεκυῖα πυρῶν ἐκτέα,
 ὃν χρῆν ἔμ᾽ ἐξ ἐκκλησίας εἰληφέναι;
ΠΡΑ. μὴ φροντίσῃς· ἄρρεν γὰρ ἔτεκε παιδίον.
ΒΛΕ. ἠκκλησία; ΠΡΑ. μὰ Δί᾽, ἀλλ᾽ ἐφ᾽ ἣν ἐγὼχόμην. 550
 ἀτὰρ γεγένηται; ΒΛΕ. ναὶ μὰ Δί᾽. οὐκ ᾔδησθά με
 φράσαντά σοι χθές; ΠΡΑ. ἄρτι γ᾽ ἀναμιμνήσκομαι.
ΒΛΕ. οὐδ᾽ ἄρα τὰ δόξαντ᾽ οἶσθα; ΠΡΑ. μὰ Δί᾽ ἐγὼ
 μὲν οὔ.
ΒΛΕ. κάθησο τοίνυν σηπίας μασωμένη.
 ὑμῖν δέ φασι παραδεδόσθαι τὴν πόλιν. 555
ΠΡΑ. τί δρᾶν; ὑφαίνειν; ΒΛΕ. οὐ μὰ Δί᾽, ἀλλ᾽ ἄρχειν.
 ΠΡΑ. τίνων;
ΒΛΕ. ἁπαξαπάντων τῶν κατὰ πόλιν πραγμάτων.

ADNOTATIO CRITICA.

v. 550 ἐγὼχόμην Reisigius. — v. 551 ᾔδησθα Brunckius.

SCRIPTURAE DISCREPANTIA.

v. 545 σε] σὲ, B ‖ v. 546 τῇ βακτηρίᾳ] τῇ βακτηρία BN ‖ v. 547 BΛE.] om. R — add. R² ἀνὴρ N omm. BΓ | ἐκτέα] ἐκτέον B ἐκτέα ΓN (ἔκτεα R) ‖ v. 548 ὃν] ὃ B | χρῆν] χρὴν N | ἔμ᾽] ἐμὲ N ‖ ἐξ ἐκκλησίας] ἐξεκκλησίας R ᾽ξ ἐκκλησίας N ‖ v. 549 ΠΡΑ.] om. R — add. R² omm. BΓ | φροντίσῃς] φροντίσης BΓN | ἔτεκε] ἔτεκεν R ‖ v. 550 BΛE.] ἀνὴρ N omm. RBΓ | ἠκκλησία] ἡ ᾽κκλησία (in ras., sed a prima manu est alterum κ) B ἡ ἐκκλησία Γ ἡ ᾽κκλησία N | ΠΡΑ.] : R omm. BΓ | ἐφ᾽ ἣν] ἔφην N (ἐφ ἢν R) | ἐγὼχόμην] ἔγ᾽ ὠχόμην R ᾽γώγ᾽ ὠχόμην B ἔγωγ᾽ ὠχόμην ΓN ‖ v. 551 ἀτὰρ] αὐτὰρ Γ | ἐν in γεγένηται] in ras. est, sed a prima manu in B | BΛE.] : R ἀνὴρ N omm. BΓ | οὐκ] οὐκ᾽ R | ᾔδησθά με] ᾔδεισθά με RBN ᾔδεισθα με Γ ‖ v. 552 ΠΡΑ.] : R omm. BΓ ‖ v. 553 BΛE.] ἀνὴρ N omm. RBΓ | τὰ δόξαντ᾽] τὴν δόξαν των Γ | ΠΡΑ.] : R omm. BΓ ‖ v. 554 BΛE.] — R ἀνὴρ N omm. BΓ ‖ v. 555 δέ φασι] δὲ φασὶ BΓN | παραδεδόσθαι] corr. ex παρὰ δεδόσθαι in R παραδιδόσθαι est in N ‖ v. 556 ΠΡΑ.] — R omm. BΓ | τί] τι R | BΛE.] : R ἀνὴρ N omm. BΓ | οὐ μὰ] οὖ μα R οὖ μὰ ΒΓΝ | ἀλλ᾽] in ras. est, sed a prima manu in B | ΠΡΑ.] : R omm. BΓ | τίνων] τίνος N ‖ v. 557 BΛE.] — R ἀνὴρ N omm. BΓ | ἁπαξαπάντων] ἅπαξ ἁπάντων R | κατὰ πόλιν] καταπόλιν R κατὰ τὴν πόλιν B

ΠΡΑ. *νὴ τὴν Ἀφροδίτην μακαρία τἄρ' ἡ πόλις*
*ἔσται τὸ λοιπόν.* ΒΛΕ. *κατὰ τί;* ΠΡΑ. *πολλῶν*
*εἵνεκα.*
*οὐ γὰρ ἔτι τοῖς τολμῶσιν αὐτὴν αἰσχρὰ δρᾶν*   560
*ἔσται το λοιπὸν οὐδάμ', οὐδὲ μαρτυρεῖν,*
*οὐ συκοφαντεῖν* ΒΛΕ. *μηδαμῶς πρὸς τῶν θεῶν*
*τουτὶ ποιήσῃς μηδ' ἀφέλῃ μου τὸν βίον.*
ΑΝ. Α. *ὦ δαιμόνι' ἀνδρῶν, τὴν γυναῖχ' ἔα λέγειν.*
ΠΡΑ. *μὴ λωποδυτῆσαι, μὴ φθονεῖν τοῖς πλησίον,*   565
*μὴ γυμνὸν εἶναι, μὴ πένητα μηδένα,*
*μὴ λοιδορεῖσθαι, μὴ 'νεχυραζόμενον φέρειν.*
ΑΝ. Α. *νὴ τὸν Ποσειδῶ, μεγάλα γ', εἰ μὴ ψεύσεται.*
ΠΡΑ. *ἀλλ' ἀποφανῶ τοῦθ', ὥστε σέ τέ μοι μαρτυρεῖν,*
*καὶ τοῦτον αὐτὸν μηδὲν ἀντειπεῖν ἔχειν.*   570

ADNOTATIO CRITICA.

v. 558 τἄρ' Bergkius. — v. 561 λοιπὸν οὐδάμ', οὐδὲ μαρτυρεῖν Blaydesius. — v. 564 ΑΝ. Α. praef. Bergkius. — v. 569 ὥστε σέ τέ μοι μαρτυρεῖν Bergkius. — v. 570 ἔχειν Dindorfius.

SCRIPTURAE DISCREPANTIA.

v. 558 ΠΡΑ.] om. R — add. R² omm. Β Γ | μακαρία] μακαρία R | τἄρ'] γ' ἄρ' R γὰρ ΒΓΝ ‖ v. 559 λοιπόν] corr. ex λοιπὸν in R | ΒΛΕ.] : R ἀνὴρ Ν | ΠΡΑ.] : R | εἵνεκα] οὕνεκα R corr. in οὕνεκα R² οὕνεκα est in N | omissa sunt verba a ΒΛΕ. κατὰ τί (v. 559) usque ad λοιπὸν incl. (v. 561) in ΒΓ ‖ v. 561 οὐδάμ', οὐδὲ] οὐδαμοῦ δὲ RΒΓΝ ‖ v. 562 ΒΛΕ.] : R ἄλλος βλέπυρος ἐλθών in margine add. R² ἀνὴρ N omm. ΒΓ | μηδαμῶς] μηδαμῶς R ‖ v. 563 ποιήσῃς] ποιήσης Β | μηδ'] μὴ δ' RΒΓ μηδ' N | ἀφέλῃ] ἀφέλη ΡΒΓ ἀφέλης N ‖ v. 564 ΑΝ. Α.] ὁ ανηρ πῳ R πρά N ὅmm. ΒΓ | δαιμόνι'] δαιμόνιε Γ ‖ v. 566 μηδένα] μηδένα R ‖ v. 567 χ in μὴ 'νεχυραζόμενον] corr. est ex v in R ἐνεχυραζόμενον (omisso μὴ) est in Β μήτ' ἐνχυραζόμενον in Γ ‖ v. 568 ΑΝ. Α.] ὁ αλλος R ἄλλος ἀνὴρ N omm. ΒΓ | μεγάλα γ', εἰ] μεγάλ', εἰ ΒΓ μεγάλά γ' εἰ N ‖ v. 569 ΠΡΑ.] omm. RΒΓ | τοῦθ',] τὸν δ', Β | ὥστε σέ τέ μοι] ὥστέ σε γέ μοι R ὅστις ἄν μοι Β ὅστις γέ μοι ΓΝ | μαρτυρεῖν] μαρτυρῇ Β ‖ v. 570 μηδὲν] μηδὲν R | ἔχειν] ἐμοί corr. ex ἐμοὶ R ἐμοὶ est in Β ἐμοὶ ΓΝ ‖ verba in vv. 571—581 ita disposita sunt, ut singuli versus finiantur vocabulis: καὶ | ἐγείρειν | ἐπισταμένην | ἀμύνειν | εὐτυχίαισιν | ἔρχεται | πολίτην | ἐπαγλαϊοῦσα | βίου | καιρὸς | ἐξ (in ἐξευρήματος) ἡμῶν | μόνον | μή (in μήτ') | πρότερον | παλαιὰ | θεῶνται R —

ΕΚΚΛΗΣΙΑΖΟΤΣΑΙ. 47

ΧΟΡ. νῦν δὴ δεῖ σε πυκνὴν φρένα καὶ φιλόμουσον ἐγείρειν
φροντίδ' ἐπισταμένην
ταῖσι φίλαισιν ἀμύνειν.
κοινῇ γὰρ ἐπ' εὐτυχίαισιν
ἔρχεται γνώμης ἐπίνοια, πόλιν καὶ
δῆμον ἐπαγλαϊοῦσα 575
μυρίαισιν ὠφελίαισι βίου· δηλοῦν δ' ὅ τί περ δύνασαι
καιρός, ὡς δεῖταί γε σοφοῦ τινὸς ἐξευρήματος ἡ πόλις ἡμῶν.
ἀλλὰ πέραινε μόνον
μήτε δεδραμένα μήτ' εἰρημένα πω πρότερον·
μισοῦσι γὰρ ἦν τὰ παλαιὰ 580
πολλάκις θεῶνται.

ADNOTATIO CRITICA.

v. 571 φιλόμουσον c coniectura scripsi cfr. Nubes v. 358. — v. 574 γνώμης Marklandus. — πόλιν καὶ δῆμον pro πολίτην δῆμον codicum scripsi. — vv. 576 et 577 δηλοῦν δ' ὅ τί περ δύνασαι καιρός Blaydesius, reliqua: ὡς δεῖταί γε σοφοῦ ipse refingere conatus sum, sed omnia haec, ut in loco difficillimo, admodum incerta esse ipse non ignoro.

SCRIPTURAE DISCREPANTIA.

φιλό (in φιλόσοφον) | ἐπισταμένην | ἐ (in ἐπ') | εὐτυχίαισιν | πολίτην | βίου | καιρὸς | ἡμῶν | μή (in μήτ') | (πρότερον *B*) | θεῶνται *B Γ* — καὶ | ἐπισταμένην | εὐτυχίαισιν | πολίτην | βίου | καιρὸς | ἡμῶν | μή (in μήτ') | πρότερον | θεῶνται *N* — v. 571 *XOP*.] omm. *B Γ* | δὴ] corr. ex δὴ *N* | σε| γε *B* | πυκνὴν] πυκνὰν *N* | φιλόμουσον] φιλόσοφον *R B Γ N* ‖ v. 573 κοινῇ] κοινὴ *R B Γ* κοινῇ *N* | ἐπ' εὐτυχίαισιν] ἐπευτυχίαισιν *R* ‖ v. 574 γνώμης] γλώττης *R B Γ N* | πόλιν καὶ] πολίτην *R B Γ N* ‖ v. 575 ἐπαγλαϊοῦσα] ἐπ' ἀγλαΐουσα *R* ἐπαγλαΐουσα *Γ* | ὠφελίαισι] εὐτυχίαισιν *B* εὐτυχίαισι *Γ N* | δηλοῦν δ'] δηλοῦν *R B Γ N* | ὅ τί περ] ὅτι περ *R B Γ N* | δύνασαι] δύναται *R B Γ N* ‖ v. 576 ὡς δεῖταί γε] δεῖται γὰρ τοι γε (hoc correctum ex τοί γε) *R* δεῖται γὰρ τοι *B N* δεῖται γάρ τοι *Γ* | τινὸς] τινος *N* ‖ v. 577 ἡμῶν] ἡμῶν *R* corr. in ἥμων *R*² | πέραινε] corr. ex πέραινέ *N* ‖ v. 578 posterius δ in δεδραμένα] corr. prima manus ex ω, ut videtur, in *B* | μήτ'] μή | τ' corr. ex μήτ' | τ' in *R* | in ras. est η, qua rasura deletae sunt etiam duae quaedam aliae post μή litterae in *B* ‖ v. 579 εἰρημένα πω] εἰρημένά πω *R B N* ‖ v. 580 ἦν] ἢν *R* ‖ v. 581 *KOP*.] omm. *R B Γ N* | χρὴ] χρῆν *R Γ* 'χρῆν *N*

48 ΕΚΚΛΗΣΙΑΖΟΤΣΑΙ.

ΚΟΡ. ἀλλ᾽ οὐ μέλλειν, ἀλλ᾽ ἅπτεσθαι καὶ δὴ χρὴ ταῖς
διανοίαις,
ὡς τὸ ταχύνειν χαρίτων μετέχει πλεῖστον παρὰ τοῖσι
θεαταῖς.
ΠΡΑ. καὶ μὴν ὅτι μὲν χρηστὰ διδάξω πιστεύω· τοὺς δὲ
θεατάς,
εἰ καινοτομεῖν ἐθελήσουσιν καὶ μὴ τοῖς ἠθάσι λίαν
τοῖς τ᾽ ἀρχαίοις ἐνδιατρίβειν, τοῦτ᾽ ἔσθ᾽ ὃ μάλιστα
δέδοικα. 585
ΒΛΕ. περὶ μὲν τοίνυν τοῦ καινοτομεῖν μὴ δείσῃς· τοῦτο
γὰρ ἡμῖν
δρᾶν ἀντ᾽ ἄλλης ἀρετῆς ἐστιν, τῶν δ᾽ ἀρχαίων
ἀμελῆσαι.
ΠΡΑ. μή νυν πρότερον μηδεὶς ὑμῶν ἀντείπῃ μηδ᾽ ὑπο-
κρούσῃ,
πρὶν ἐπίστασθαι τὴν ἐπίνοιαν καὶ τοῦ φράζοντος
ἀκοῦσαι.
κοινωνεῖν γὰρ πάντας φήσω χρῆναι πάντων μετ-
έχοντας, 590
κἀκ ταὐτοῦ ζῆν καὶ μὴ τὸν μὲν πλουτεῖν, τὸν δ᾽
ἄθλιον εἶναι,

ADNOTATIO CRITICA.

v. 587 ἀρετῆς (pro ἀρχῆς) Bergkius, sed nescio, an praestet, ut retineamus ἀρχῆς vocab. (cfr. scholium: ἀντὶ τοῦ ἄρχειν τὸ καινοτο-μεῖν.) ita, ut scribendum sit: δρᾶν ἀντ᾽ ἀρχῆς μεγάλης ἐστίν cfr. Vesp. 575.

SCRIPTURAE DISCREPANTIA.

v. 582 πλεῖστον] ras. corr. ex πλείοτων in R | παρὰ τοῖσι παρα τοισι R ‖ v. 583 ΠΡΑ.] omm. ΒΓ ‖ v. 584 ἐθελήσουσιν] ἐθελήσουσι ΒΓ | super ἠθάσι] scriptum a prima manu: γρ. ἤθεσι in Β ‖ v. 585 τοῖς τ᾽ ἀρχαίοις] τοῖς ἀρχαίοις ΒΓ | τοῦτ᾽] τοῦθ᾽ Ν ‖ v. 586 ΒΛΕ.] — R omm. ΒΓ | δείσῃς] δείσης ΒΓΝ | ἡμῖν] ἡμιν ΓΝ ‖ v. 587 ἀρετῆς] ἀρχῆς RBN ἀρχης Γ | ἐστιν] ἐστι ΒΝ ἐστί Γ ‖ v. 588 ΠΡΑ.] omm. RΒΓ | μή νυν] μὴ νῦν RΒΓΝ | μηδεὶς] μηδεὶς R | ὑμῶν] ὕμων R | ἀντείπῃ] ἀντείπη corr. ex ἀντείπει R ἀντείπη est in ΒΓΝ | μηδ᾽] μὴ δ᾽ RΒΓΝ | ὑπο-κρούσῃ] ἀποκρούσῃ ΒΓ ὑποκρούση Ν ‖ v. 590 μετέχοντας] μετέ-χοντες Ν ‖ v. 591 κἀκ] κἀκ᾽ R | ταὐτοῦ] ταυτοῦ Β τ᾽ αὐτοῦ Ν | τὸν δ᾽] τόν δ᾽ RΓ

ΕΚΚΛΗΣΙΑΖΟΤΣΑΙ. 49

μηδὲ γεωργεῖν τὸν μὲν πολλήν, τῷ δ' εἶναι μηδὲ
 ταφῆναι·
μηδ' ἀνδραπόδοις τὸν μὲν χρῆσθαι πολλοῖς, τὸν
 δ' οὐδ' ἀκολούθῳ·
ἀλλ' ἕνα ποιῶ κοινὸν πᾶσιν βίοτον καὶ τοῦτον
 ὅμοιον.
ΒΛΕ. πῶς οὖν ἔσται κοινὸς ἅπασιν; ΠΡΑ. κατέδει πέλε-
 θον πρότερος σύ. 595
ΒΛΕ. καὶ τῶν πελέθων κοινωνοῦμεν; ΠΡΑ. μὰ Δί', ἀλλ'
 ἔφθης μ' ὑποκρούσας.
τοῦτο γὰρ ἤμελλον ἐγὼ λέξειν· τὴν γῆν πρώτιστα
 ποιήσω
κοινὴν πάντων καὶ τοὺς καρποὺς καὶ τἆλλ' ὁπόσ'
 ἐστὶν ἑκάστῳ.
εἶτ' ἀπὸ τούτων κοινῶν ὄντων ἡμεῖς βοσκήσομεν
 ὑμᾶς

ADNOTATIO CRITICA.

v. 595 κατέδει Brunckius. — πέλεθον Bothius. — σύ scripsi pro
μου *R B* μοι *ΓΝ*, in hunc locum μ̄ο̄ῑ ov irrepsit ex proximi versus μ̄' μ̄ο̄ῑ B̄ *R Γ N*
ὑποκρούσας. Ceterum κατέδει πέλεθον verba eiusmodi locutio esse
videntur, qua in eum utebantur, qui temere obloquebatur = os tibi
caeno referciam, nisi taces = linguam tuam comprimam; πρότερος au-
tem comparativus ad alterum illum virum (*AN. A.*) spectat, qui et ipse
adest. — v. 596 πελέθων Bothius. — v. 598 τοὺς καρποὺς pro τάργύ-
ριον codicum e coniectura scripsi.

SCRIPTURAE DISCREPANTIA.

v. 592 μηδὲ] μῆδε *R* καὶ μὴ *ΓΒ* μὴ δὲ *N* | πολλήν] πολλὰ
*B* | τῷ] τῶ *BN* | μηδὲ] μῆδε *R* μὴ δὲ *B I'N* ‖ v. 593 μηδ'] μὴ δ'
*RBI'N* | τὸν δ'] τόνδ' *RΓ* | οὐδ'] om. *N* | ἀκολούθῳ] ἀκολού-
θοις (in ras., sed a prima manu est κολουθοις, pro οις in exitu
vocabuli fuerat ω) *B* ἀλούθῳ est in *Γ* ἀκολούθω *N* ‖ v. 594 ποιῶ]
ποῶ *Γ* | κοινὸν] omm. *BΓ* | πᾶσιν] πᾶσι *RBΓN* ‖ v. 595 *BΛΕ.* |
omm. *RBΓ* | ἅπασιν] ἅπασι *RBΓN* | *ΠΡΑ.*] : *R* omm. *BΓ* |
κατέδει] κατεδεῖ *RBΓN* | πέλεθον] σπελεθὸν ex σπέλεθον corr. *R*
σπέλεθον est in *BΓ* σπελεθὸν *N* | σύ] μου *RB* μοι *ΓN* ‖ v. 596
*BΛΕ.*] omm. *RBΓ* | πελέθων] σπελεθῶν *RI'N* σπελέθων *B* |
κοινωνοῦμεν;] κοινωνοῦμεν : *RΓ* | *ΠΡΑ.*] omm. *RBΓ* | μα δί'
ἀλλ' εφθης μ' ὑποκρούσας· verba suum versum efficiunt in *R* |
μ'] μοι *B* ‖ v. 597 ποιήσω] ποήσω *Γ* ‖ v. 598 τοὺς καρποὺς] τ'
ἀργύριον *RN* τἀργύριον *BI'* | τἆλλ'] τ' ἄλλ' *RN* | ἐστὶν] εστιν *R* |
ἑκάστῳ] εκάστω *RBI'N* ‖ v. 599 ἀπὸ τούτων] ἀποτούτων *R* | prius
τ in τούτων] in ras. est, sed a prima manu *B* | κοινῶν] καὶ τῶν *N*

ARISTOPH. ECCLESIAZUSAE. 4

ΕΚΚΛΗΣΙΑΖΟΤΣΑΙ.

ταμιευόμεναι καὶ φειδόμεναι καὶ τὴν γνώμην προσέχουσαι. 600

ΒΛΕ. πῶς οὖν ὅστις μὴ κέκτηται γῆν ἡμῶν, ἀργύριον δὲ καὶ Δαρεικούς, ἀφανῆ πλοῦτον; ΠΡΑ. τοῦτ' εἰς τὸ μέσον καταθήσει,
καὶ μὴ καταθεὶς ΒΛΕ. ψευδορκήσει· κἀκτήσατο γὰρ διὰ τοῦτο.

ΠΡΑ. ἀλλ' οὐδέν τοι χρήσιμον ἔσται πάντως αὐτῷ. ΒΛΕ. κατὰ δὴ τί;

ΠΡΑ. οὐδεὶς οὐδὲν πενίᾳ δράσει· πάντα γὰρ ἕξουσιν ἅπαντες, 605
ἄρτους, τεμάχη, μάζας, χλαίνας, οἶνον, στεφάνους, ἐρεβίνθους.
ὥστε τί κέρδος μὴ καταθεῖναι; σὺ γὰρ ἐξευρὼν ἀπόδειξον.

ΒΛΕ. οὔκουν καὶ νῦν οὗτοι μᾶλλον κλέπτουσ', οἷς ταῦτα πάρεστι;

ΑΝ. Α. πρότερόν γ', ὦταῖρ', ὅτε τοῖσι νόμοις ἔτ' ἐχρώμεθα τοῖς προτέροισιν·

ADNOTATIO CRITICA.

v. 603 καταθεὶς ΒΛΕ. ψευδορκήσει· κἀκτήσατο Meinekius. — v. 609 ΑΝ. Α. versui praefixi. — ἔτ' ἐχρώμεθα Meinekius.

SCRIPTURAE DISCREPANTIA.

v. 600 ταμιευόμεναι] ταμιενόμαι N | προσέχουσαι] corr. ex προέχουσαι R ‖ v. 601 ΒΛΕ. | omm. R Β Γ | ἡμῶν] ἥμων R ‖ v. 602 ΠΡΑ.] omm. R Β Γ | τοῦτ'] τοῦτον B | εἰς] ες R ἐς B Γ N ‖ v. 603 καταθεὶς] κατὰ θεὶς R | ΒΛΕ.] omm. R B I' N | ψευδορκήσει] ψευδομόσει (in ras., sed a prima manu est σε) B | κἀκτή-
πρ
σατο] κακτήσατο R βλε κἀκτήσατο N | διὰ τοῦτο] δια τουτο R I'N ‖ v. 604 ΠΡΑ.] — R omm. B I' | τοι] τι B | αὐτῷ] αὐτῶ B I'N | ΒΛΕ. | : R omm. B I' | κατὰ] κᾶτα Β Γ (κατα R) ‖ v. 605 ΠΡΑ.] — R omm. B I' | οὐδὲν] οὐδ' ἐν R οὐδ' ἐν N | πενίᾳ] πενία R N πνεύματι B I' ‖ v. 606 χλαίνας] χλαίνας N ‖ v. 607 τί] τὶ B ‖ v. 608 ΒΛΕ.] omm. R B Γ | μᾶλλον] om. B | κλέπτουσ'] κλέπτους N | οἷς] corr.
ξ
ex οἷς R | πάρεστι] πάρεστιν B ‖ v. 609 ΑΝ. Α.] πρα N omm. R B I' | πρότερόν γ'] προτοῦ γ' B προτερον γ I' πρώτερον γ' N ὦταῖρ'] ὠτέρ' R ὦ τὰν B ὦ 'ταιρ I' | ὅτε τοῖσι] τούτοισι B (οτε τοῖσι I') | ἔτ' ἐχρώμεθα] διεχρώμεθα R B I'N | προτέροισιν] προ-

ΕΚΚΛΗΣΙΑΖΟΤΣΑΙ. 51

νῦν δ', ἔσται γὰρ βίος ἐκ κοινοῦ, τί τὸ κέρδος μὴ
καταθεῖναι; 610

ΒΛΕ. ἢν μείρακ' ἰδὼν ἐπιθυμήσῃ καὶ βούληται σκαλα-
θῦραι,
ἕξει τούτων ἀφελὼν δοῦναι· τῶν ἐκ κοινοῦ δὲ
μεθέξει
ξυγκαταδαρθών. ΠΡΑ. ἀλλ' ἐξέσται προῖκ' αὐτῷ
ξυγκαταδαρθεῖν.
καὶ ταύτας γὰρ κοινὰς ποιῶ τοῖς ἀνδράσι συγκατα-
κεῖσθαι
καὶ παιδοποιεῖν τῷ βουλομένῳ. ΒΛΕ. πῶς ουν οὐ
πάντες ἴασιν 615
ἐπὶ τὴν ὡραιοτάτην αὐτῶν καὶ ζητήσουσιν ἐρείδειν:
ΠΡΑ. αἱ φαυλότεραι καὶ σιμότεραι παρὰ τὰς σεμνὰς καθ-
εδοῦνται·
κᾆτ' ἢν ταύτης ἐπιθυμήσῃ, τὴν αἰσχρὰν πρῶθ'
ὑποκρούσει.

ADNOTATIO CRITICA.

v. 614 συγκατακεῖσθαι Brunckius.

SCRIPTURAE DISCREPANTIA.

τέροισι RN προτέροις B | huius versus verba priora usque ad νό-
μοις incl. antecedenti versui adiecta sunt, reliqua insequenti in
Γ' ‖ v. 610 τί] corr. ex τι $R^2$ τί est in B ‖ v. 611 ΒΛΕ.] omm.
RBΓ | ἢν] ἢν R | ἐπιθυμήσῃ] ἐπιθυμήση BΓN | βούληται] βούλει
ται R βούλεται Γ'N | σκαλαθῦραι] τοῦτον σκωλαθῦραι B τοῦτον
σκαλαθύραι ΓN ‖ v. 612 ἀφελὼν] ἀφελῶν N | hic versus cum
versu 613 in unum versum coniunctus est in Γ' ‖ v. 613 ξυγκα-
ταδαρθών] ξυγκαταδραθών R οὐκ B ξυγκαταδραθων Γ | ΠΡΑ.] :
R omm. BΓ' | προῖκ'] προῖκα γ' B προῖκα Γ' | αὐτῷ] αὐταῖς B
om. Γ' αὐτῶ N | ξυγκαταδαρθεῖν] καταδαρθεῖν Γ ‖ v. 614 versui
praefixum est βλε^πρ in N | ταύτας] corr. ex ταύτας $R^2$ | ποιῶ] ποῶ .
Γ' | ἀνδράσι] corr. ex ἀνδρᾶσι R-| συγκατακεῖσθαι] ξυγκατακεῖσθαι
RN ξυγκαταδαρθεῖν BΓ' ‖ v. 615 τῷ βουλομένῳ] τῶ βουλομένω
BN τῷ βουλευμένω Γ' | ΒΛΕ.] : R omm. BΓN | οὐ πάντες] πάν-
τες γὰρ B πάντες Γ' | ἴασιν] ἴσασιν BΓ' ‖ v. 616 ἐπὶ τὴν] ἐπιτὴν
R ὅτι που ἐπὶ τὴν B | καὶ] omm. BΓ | ζητήσουσιν] ζητοῦσιν
BΓN ‖ v. 617 ΠΡΑ.] omm. RBΓ' | καθεδοῦνται] καθευδοῦνται
N ‖ v. 618 κᾆτ'] κᾆτ' R κᾆτ' BΓN | ἢν] ἢν R | ἐπιθυμήσῃ]
ἐπιθυμήση BΓN | ὑποκρούσει] ὑπαφήσει B

4*

52 ΕΚΚΛΗΣΙΑΖΟΤΣΑΙ.

ΒΛΕ. καὶ πῶς ἡμᾶς τοὺς πρεσβύτας, ἣν ταῖς αἰσχραῖσι
συνῶμεν,
οὐκ ἐπιλείψει τὸ πέος πρότερον πρὶν ἐκεῖσ' οἷ φῂς
ἀφικέσθαι; 620
ΠΡΑ. οὐχὶ μαχοῦνται. περὶ σοῦ θάρρει· μὴ δείσῃς· οὐχὶ
μαχοῦνται.
ΒΛΕ. περὶ τοῦ; ΠΡΑ. περὶ τοῦ ξυγκαταδαρθεῖν. καὶ σοὶ
τοιοῦτον ὑπάρχει.
ΒΛΕ. τὸ μὲν ὑμέτερον γνώμην τιν' ἔχει· προβεβούλευται
γάρ, ὅπως ἂν
μηδεμιᾶς ᾖ τρύπημα κενόν· τὸ δὲ τῶν ἀνδρῶν τί
ποιήσει;
φεύξονται γὰρ τοὺς αἰσχίους, ἐπὶ τοὺς δὲ καλοὺς
βαδιοῦνται. 625
ΠΡΑ. ἀλλὰ φυλάξουσ' οἱ φαυλότεροι τοὺς καλλίους
ἀπιόντας

ADNOTATIO CRITICA.

vv. 621 et 622 in versu 621 Dobraeum secutus sum, in v. 622 περὶ
τοῦ ξυγκαταδαρθεῖν scripsi pro τοῦ μὴ ξυγκαταδαρθεῖν codicum. Illudit
enim Pruxagora leniter maritum petulantem, ut senem cfr. v. 323: „De
senibus, qualis tu es, inter se non certabunt mulieres, sed de adulescen-
tibus solis."

SCRIPTURAE DISCREPANTIA.

v. 619 ΒΛΕ.] omm. RBΓ | ἣν] ἢν R | συνῶμεν] ξυνῶμεν
ΓΝ ‖ v. 620 ἐπιλείψει] ἐπιλειψει corr. ex ἐπιληψει R illud corr.
in ἐπιλείψει R² | φῂς] φῆς corr. ex φῆς R illud corr. in φῄς
R² φῂς est in BΓN ‖ v. 621 ΠΡΑ.] omm. RBΓ | περὶ σοῦ] περὶ σου
BN | θάρρει] θάρρ' εἰ Γ | δείσῃς] δείσης BΓN | οὐχὶ] : οὐχὶ R
βλε^πρ οὐχὶ N ‖ v. 622 ΒΛΕ.] omm. RBΓ | ΠΡΑ.] : RΓ om. B |
alterum περὶ τοῦ] τοῦ μὴ RBΓN | supra secundum α in ξυγκα-
ταδαρθεῖν] erasus est accentus in R | καὶ σοὶ] : καί σοι R καὶ σοι
B καί σοι Γ' βλε^πρ καί σοι N | τοιοῦτον] τοιούτων N | ὑπάρχει]
ὑπάρξει N ‖ v. 623 ΒΛΕ.] omm. RBΓ | ὑμέτερον] ἡμέτερον BN |
τιν'] τίν' RBΓ | supra prius o in προβεβούλευται] accentus erasus
est in R | ὅπως ἂν verba insequenti versui adiecta sunt in BΓ ‖
v. 624 μηδεμιᾶς] μὴ δὲ μιᾶς R μὴ δε μιᾶς Γ | ᾖ] ἡ ut vid. R
corr. in ἢ R² ἡ est in BN ἢ Γ | τὸ] : τὸ R | ποιήσει] ποησει
R ‖ v. 625 ἐπὶ τοὺς δὲ] ἐπι τοὺς δὲ R ἐπὶ δὲ τοὺς BΓN ‖ v.
626 ΠΡΑ.] omm. RBΓ

ἀπὸ τοῦ δείπνου καὶ τηρήσουσ' ἐπὶ τοῖσιν δημο-
  σίοισιν
* * * * κοὐκ ἐξέσται παρὰ τοῖσι καλοῖς κατα-
  δαρθεῖν
ταῖσι γυναιξὶ πρὶν ἂν τοῖς αἰσχροῖς καὶ τοῖς σιμοῖς
  χαρίσωνται.
ΒΛΕ. ἡ Λυσικράτους ἄρα νυνὶ ῥὶς ἴσα τοῖσι καλοῖσι φρο-
  νήσει. 630
ΠΡΑ. νὴ τὸν Ἀπόλλω· καὶ δημοτικὴ γ' ἡ γνώμη καὶ κα-
  ταχήνη
τῶν σεμνοτέρων ἔσται πολλὴ καὶ τῶν σφραγῖδας
  ἐχόντων,
ὅταν Ἐμβαδίων εἴπῃ, προτέρῳ παραχώρει κἆτ'
  ἐπιτήρει,
ὅταν ἤδη 'γὼ διαπραξάμενος παραδῶ σοι δευτε-
  ριάζειν.
ΒΛΕ. πῶς οὖν οὕτω ζώντων ἡμῶν τοὺς αὑτοῦ παῖδας
  ἕκαστος 635

ADNOTATIO CRITICA.

v. 628 οἱ φαυλότεροι delevit Tyrwhittus, excidisse videtur partici-
pium velut ἐφεδρεύοντες. — v. 629 ταῖσι γυναιξὶ πρὶν ἂν τοῖς Elms-
leius. — σιμοῖς Lennepius. — v. 633 Ἐμβαδίων D. Heinsius. — προ-
τέρῳ Faber.

SCRIPTURAE DISCREPANTIA.

v. 627 ἐπὶ τοῖσιν] ἐπι τοῖσιν R ἐπὶ τοῖσι BΓN | δημοσίοι-
σιν| δημοσίοισι B ‖ v. 628 omissus est in BΓ | * * * *] οἱ
φαυλότεροι RN | κοὐκ] κ' οὐκ R | παρὰ τοῖσι] παρα τοῖσι R ‖ v.
629 ταῖσι γυναιξὶ πρὶν ἂν τοῖς] ταῖσι γυναιξὶν πρὶν τοῖς RB ταῖς
γυναιξίν· πρὶν τοῖς Γ ταῖς γυναιξίν, πρὶν τοῖς N | σιμοῖς] μικροῖς
RΓN μικροῖσσι B | χαρίσωνται] χαρίσονται R χωρὶς B χαρί Γ ‖ v.
630 ΒΛΕ.] omm. RBΓ | ῥὶς] ῥὶς R | τοῖσι] τοῖς B | καλοῖσι] κα-
λοῖς Γ | φρονήσει] corr. ex φρονησει R[2] ‖ v. 631 ΠΡΑ.] omm.
RBΓ | Ἀπόλλω] ἀπόλλω' R | δημοτική γ'] δημοτική γ' B δημο-
τικὴν ΓN ‖ v. 632 in priore τῶν] in ras., sed a prima manu est
τῶ in B | σφραγῖδας] σφαγίδας RΓ σφαγίδας N ‖ v. 633
omissus est in BΓ | ὅταν] ὅτ' ἂν RN | Ἐμβαδίων] ἐμβάδ'
ἔχων R ἐμβάδ' N | εἴπῃ] εἴπῃ RN | προτέρῳ] πρότερος RN |
κἆτ'] κἄτ' R κἆτ' N ‖ v. 634 ὅταν] ὅτ' ἂν R ὅτ' ἂν ΓN | 'γὼ]
γὼ R | διαπραξάμενος] παραταξάμενος BΓ | παραδῶ] corr. ex
παρα δῶ R ‖ v. 635 ΒΛΕ.] omm. RBΓ | αὑτοῦ] corr. ut vid. ex
αὐτοῦ R αὐτοῦ est in ΓN

ΕΚΚΛΗΣΙΑΖΟΤΣΑΙ.

ἔσται δυνατὸς διαγιγνώσκειν; ΠΡΑ. τί δὲ δεῖ; πατέρας γὰρ ἅπαντας
τοὺς πρεσβυτέρους αὐτῶν εἶναι τοῖσι χρόνοισιν νομιοῦσιν.
ΒΛΕ. οὐκοῦν εὖ καὶ χρηστῶς ἑξῆς ἄγξουσιν πάντα γέροντα
διὰ τὴν ἄγνοιαν, ἐπεὶ καὶ νῦν γιγνώσκοντες πατέρ' ὄντα
ἄγχουσι. τί δῆθ', ὅταν ἀγνὼς ᾖ; πῶς οὐ τότε κἀπιχεσοῦνται; 640
ΠΡΑ. ἀλλ' ὁ παρεστὼς οὐκ ἐπιτρέψει· τότε δ' αὐτοῖς οὐκ
ἔμελ' οὐδὲν
τῶν ἀλλοτρίων, ὅστις τύπτοι· νῦν δ' ἢν πληγέντος
ἀκούσῃ,
μὴ αὐτὸν ἐκεῖνον τύπτῃ δεδιώς, τοῖς δρῶσιν τοῦτο
μαχεῖται.
ΒΛΕ. τὰ μὲν ἄλλα λέγεις οὐδὲν σκαιῶς· εἰ δὲ προσελθὼν
Ἐπίκουρος,

ADNOTATIO CRITICA.

v. 636 γάρ Faber. — v. 638 τὸν ante πάντα non ferendum esse recto censet Blaydesius, lenissimn autem emendandi ratio mihi ea visa est, ut ἄγξουσιν post ἑξῆς transponam. — v. 643 δρῶσιν nescio quis primorum editorum, sed fortasse scribendum est: τῷ δρῶντι τοιαῦτα μαχεῖται.

SCRIPTURAE DISCREPANTIA.

v. 636 ἔσται] corr. ex ἔσται R² | διαγιγνώσκειν] διαγινώσκειν BΓN | ΠΡΑ.] : RΓ om. B | δὲ] δαὶ BΓ | πατέρας] πρᾶσαν N · γάρ| omm. RBΓN ‖ v. 637 αὐτῶν] αὐτῶν RBΓN | τοῖσι χρόνοισιν] τοῖσι χρόνοις B τοῖς χρόνοισι Γ ‖ v. 638 BΛE.] omm. RBΓ | οὐκοῦν] οὔκουν corr. ex οὐκοῦν R οὔκουν est in ΓN | εὖ | ἄγξωσ' εὖ R ἄγξους' εὖ BΓN | χρηστῶς] χρηστῶς R | ἑξῆς] omm. BΓ | ἄγξουσιν πάντα] τὸν πάντα RBΓN ‖ v. 639 διὰ τὴν] διατὴν R | γιγνώσκοντες] γινώσκοντες B | ὄντα] ἐόντα N (ὄντα R) ‖ v. 640 l in τί] in ras. est, sed a prima manu in B | ὅταν] ὅτ' ἂν RΓN | ᾖ] ἡ BΓN (ᾖ R) | τότε] τοτε RΓ | κἀπιχεσοῦνται] κἀπιχευοῦνται sed in margine adscriptum est σ ut videtur B ‖ v. 641 ΠΡΑ.] omm. RBΓ | ἐπιτρέψει] επιτρίψει R | alterum οὐκ] οὔκ Γ | ἔμελ'] ἔμελλ' ΓN ‖ v. 642 ἦν.] ἢν R | ἐν in πληγέντος] in ras. est, sed a prima manu in B | ἀκούσῃ] ἀκούσῃ RBΓN ‖ v. 643 τύπτῃ] τύπτει R τύψῃ B τύπτη ΓN | δρῶσιν] δρῶσι RBΓN ‖ v. 644 ΒΛΕ.] omm. RBΓ | Ἐπίκουρος] ἐπίουρος B

ἢ Λευκολόφας, πάππαν με καλεῖ, τοῦτ' ἤδη δεινὸν
. ἀκοῦσαι. 645
ΑΝ. Α. πολὺ μέντοι δεινότερον τούτου τοῦ πράγματός ἐστι
BAE. τὸ ποῖον;
ΑΝ. Α. εἴ σε φιλήσειεν Ἀρίστυλλος, φάσκων αὑτοῦ πατέρ'
εἶναι.
ΒΛΕ. οἰμώζοι τἄν καὶ κωκύοι. ΑΝ. Α. σὺ δέ γ' ὄζοις ἂν
καλαμίνθης.
ΠΡΑ. ἀλλ' οὗτος μὲν πρότερον γέγονεν, πρὶν τὸ ψήφισμα
γενέσθαι,
ὥστ' οὐχὶ δέος μή σε φιλήσῃ. ΒΛΕ. δεινὸν μεντἄν
ἐπεπόνθη. 650
τὴν γῆν δὲ τίς ἔσθ' ὁ γεωργήσων; ΠΡΑ. οἱ δοῦλοι.
σοὶ δὲ μελήσει,

ADNOTATIO CRITICA.

v. 645 πάππαν Brunckius. — v. 646 ΑΝ. Α. praefigendum esse coniecit Bergkius. — v. 647 αὑτοῦ Kusterus, ceterum fortasse scribendum est: εἴ σε φιλήσει κἀρίστυλλος. — v. 648 τἄν Lentingius. — v. 650 ἐπεπόνθη Suidas.

SCRIPTURAE DISCREPANTIA.

v. 645 Λευκολόφας] λευκολόφος R | πάππαν] πάπαν RΓN |
καλεῖ] καλῇ N || v. 646 ΑΝ. Α.] omm. RBΓ πρᾷ N | τούτου]
corr. ex τοῦτου R | ἐστι] ἔστι: Γ | ΒΛΕ.] — R omm. ΒΓ | verba:
— τὸ ποῖον· suum versum efficiunt in R || v. 647 ΑΝ. Α.] omm.
RBΓ πρᾷ N | εἴ] εἰ N | φιλήσειεν] φιλήσει ΒΓ | αὑτοῦ] αὐτοῦ
RBΓN || v. 648 ΒΛΕ.] omm. RBΓ | τἄν] γ' ἄν RBΓ μ' ἄν N |
κωκύοι| κωκκύοι B | ΑΝ. Α.] omm.·RBΓ πρᾷ N | σὺ δέ γ']
σύ δέ γ' Γ || v. 649 ΠΡΑ.] omm. RBΓN | οὗτος] corr. ex οὔτο R² |
πρότερον] τὸ πρότερον Γ | γέγονεν] γέγονε ΒΓN | πρὶν] in ras., sed
a prima manu ἐν B πρὸς est in Γ | τὸ] in textu omissum supra
versum in ras. adscriptum est in B | γενέσθαι] insequenti versui
adiectum est in Γ || v. 650 μή] οὐ μή ΒΓ | φιλήσῃ] φιλήσει B
φιλήσῃ ΓN | ΒΛΕ.] : R omm. ΒΓ | μεντἄν] μὲν τ' ἄν RN μέντ'
B μέντ' ἄν Γ | ἐπεπόνθη | ἐπεπόνθειν R ἐπεπόνθειν ΒΓ ἐπιπόνθην N || v. 651 τίς| τὶς B τῆς N | ΠΡΑ.] : R omm. ΒΓ | δοῦλοι]
δοῦλοι R | ante σοὶ spatium duarum fere litterarum, novae personae indicium, relictum est in B | σοὶ δέ] σὺ δὲ R | μελήσει]
corr. ex μελήσηι R

ὅταν ᾖ δεκάπουν τὸ στοιχεῖον, λιπαρῷ χωρεῖν ἐπὶ
δεῖπνον.
ΒΛΕ. περὶ δ' ἱματίων τίς πόρος ἔσται; καὶ γὰρ τοῦτ' ἔστιν
ἐρέσθαι.
ΠΡΑ. τὰ μὲν ὄνθ' ὑμῖν πρῶτον ὑπάρξει, τὰ δὲ λοίφ'
ἡμεῖς ὑφανοῦμεν.
ΒΛΕ. ἓν ἔτι ζητῶ· πῶς, ἤν τις ὄφλῃ παρὰ τοῖς ἄρχουσι
δίκην τῳ, 655
πόθεν ἐκτίσει ταύτην; ἀπὸ γὰρ τῶν κοινῶν γ' οὐχὶ
δίκαιον.
ΠΡΑ. ἀλλ' οὐδὲ δίκαι πρῶτον ἔσονται. ΒΛΕ. τουτὶ τοὖπος
σ' ἐπιτρίψει.
ΑΝ. Α. κἀγὼ ταύτην γνώμην ἐθέμην. ΠΡΑ. τοῦ γάρ, τά-
λαν, εἵνεκ' ἔσονται;
ΒΛΕ. πολλῶν ἕνεκεν νὴ τὸν Ἀπόλλω· πρῶτον δ' ἑνὸς
εἵνεκα δήπου,

ADNOTATIO CRITICA.

v. 652 λιπαρῷ Bentleius. — v. 656 ἀπὸ γὰρ τῶν κοινῶν γ' οὐχὶ δίκαιον. e coniectura scripsi (ἐκ γὰρ τῶν κοινῶν γ' οὐχὶ δίκαιον. Blaydesius). — v. 657 τουτὶ δὲ τοὖπος σ' ἐπιτρίψει Meinekius.

SCRIPTURAE DISCREPANTIA.

v. 652 ὅταν] ὅτ' ἂν *RΓΝ* | ᾖ] ἡ *ΒΓΝ* (ῇ *R*) | λιπαρῷ| λιπαρῶς *RΓΝ* λιπαρὸν *B* ‖ v. 653 *ΒΛΕ.*] omm. *RBΓ* | δ'] δὲ *RN* om. *Γ* | τίς] τὶς *B* | ἔστιν] ἐστιν *R* ἐστὶν *ΒΓΝ* | ἐρέσθαι] ἔρεσθαι *R* ‖ v. 654 *ΠΡΑ.*] omm. *RBΓ* | τὰ μὲν vocabb. antecedenti versui adiecta sunt in *Γ* | ὑμῖν] ὕμιν *R* | τὰ δὲ λοίφ'] τὰ δελοὶ φ' *R* | ἡμεῖς] ὑμεῖς *B* | ὑφανοῦμεν] φανοῦμεν *Γ* (ὑφανοῦμεν *R*) ‖ v. 655 *ΒΛΕ.*] omm. *RBΓ* | ἤν τις] ἤν τις corr. ex ἤν τι *R²* ὅταν *B* ᾖτις *Γ* εἴ τις *N* | ὄφλῃ] ὄφλη *ΒΓΝ* | τῳ] τίς *B* τῶν *ΓτῶN* ‖ v. 656 ἐκτίσει] κτίσῃ *R* | ἀπὸ γὰρ] οὐ γὰρ *RBΓN* | γ' οὐχὶ] γ' ἐστι *RBΓ* γ' ἔστι *N* ‖ v. 657 *ΠΡΑ.*] omm. *RBΓ* δίκαι] δίκαια *BΓ* | *ΒΛΕ.*] χορὸς *RΓ* om. *B* | τοὖπος σ'] τ' οὖπος *R* πάλιν *B* ποσσ' *Γ* πόσσ' *N* ‖ v. 658 *ΑΝ. Α.*] — *R* βλε̃ *Γ* omm. *BN* | verba usque ad ἐθέμην antecedenti versui adiecta, reliqua omissa sunt in *Γ* | κἀγὼ] καγὼ *R* | omissa sunt, spatio vacuo relicto, verba: *ΠΡΑ*. τοῦ γὰρ . . . ἔσονται in *B* ‖ *ΠΡΑ.*]: *R* | τάλαν, εἵνεκ'] τάλαν' οὕνεκ' *R* corr. in τάλαν οὕνεκ' *R²* τάλαν οὕνεκ' est in *N* ‖ v. 659 *ΒΛΕ.*] omm. *RBΓ* | ἕνεκεν] ἔνεκε *Γ* οὕνεκεν *N* | ante νὴ spatium trium fere litterarum, novae personae indicium, relictum est in *B* | Ἀπόλλω] ἀπόλλω *R* | δ'] om. *R*

ἤν τις οφείλων εξαρνήται. ΠΡΑ. πόθεν οὖν ἐδά-
νεισ' ὁ δανείσας 660
ἐν τῷ κοινῷ πάντων ὄντων; κλέπτων δήπου' στ'
ἐπίδηλος.
ΑΝ. Α. νὴ τὴν Δήμητρ' εὖ γε διδάσκεις. ΒΑΕ. τουτὶ τοίνυν
φρασάτω μοι,
τὴν αἰκίας οἱ τύπτοντες πόθεν ἐκτίσουσιν, ἐπειδὰν
εὐωχηθέντες ὑβρίζωσιν; τοῦτο γὰρ οἶμαί σ' ἀπο-
ρήσειν.
ΠΡΑ. ἀπὸ τῆς μάζης ἧς σιτεῖται· ταύτης γὰρ ὅταν τις
ἀφαιρῇ, 665
οὐχ ὑβριεῖται φαύλως ούτως αὖθις τῇ γαστρὶ κο-
λασθείς.
ΒΑΕ. οὐδ' αὖ κλέπτης οὐδεὶς ἔσται; ΠΡΑ. πῶς γὰρ κλέψει
μετὸν αὐτῷ;
ΒΑΕ. οὐδ' ἀποδύσουσ' ἄρα τῶν νυκτῶν; ΠΡΑ. οὔκ, ἢν
οἴκοι γε καθεύδῃς.

ADNOTATIO CRITICA.

v. 662 versui ΑΝ. Α. praefixi. — v. 663 τὴν Dobraeus. — v. 667 κλέψει Brunckius.

SCRIPTURAE DISCREPANTIA.

v. 660 ὀφείλων] corr. ex ωφείλων $R^2$ | ἐξαρνῆται] ἐξαρνεῖται $R$ | ΠΡΑ.] : $R$ omm. $BΓ$ ‖ v. 661 τῷ κοινῷ] τῶ κοινῶ $BΓN$ | πάντων] πάντως $B$ | ὄντων] omm. $B Γ$ | κλέπτων] ex κλεπτων corr. $R^2$ | δήπου] δ' ήπου $R$ | 'στ'] στ' $R$ "στ' $BΓ$ ‖ v. 662 ΑΝ. Α.| χορὸς $RΓN$ om. $B$ | ΒΑΕ.| | : $R$ (βλ.$^{επ}$ Γ βλέ$^{πρ}$ $N$ spatium trium fere litterarum ante τουτὶ relictum in $B$) | τουτὶ] τοῦτὶ $R$ | μοι] μρι (sic) $R$ μοί $Γ$ ‖ v. 663 τὴν] τῆς $RBN$ της $Γ$ | αἰκίας] αἰκείας $R$ | ἐκτίσουσιν] κτίσουσιν $R$ | ἐπειδὰν] ἐπειδ' ἂν $R$ ‖ v. 664 ὑβρί-ζωσιν] ὑβρίζουσι $Γ$ ὑβρίζωσι $N$ | οἶμαί σ'] ex οἰμαί σ' corr. $R^2$ οἶμαι σ' est in $B$ ‖ v. 665 ΠΡΑ.] omm. $RBΓ$ | ἀπὸ τῆς] ἀποτῆς $R$ | ταύτης] ταύτην $BΓN$ | ὅταν] ὅτ' αν $R$ ὅτάν $BΓ$ ὅτ' ἄν $N$ | τις] τίς $R$ | ἀφαιρῇ] ἀφαιρῆ $BΓN$ ‖ v. 666 οὐχ] οὐχ' $RΓN$ | φαύλως] φ'αύλως (unius litterae spatio relicto) $N$ | αὖθις] omm. $BΓN$ | τῇ] τῆ $BN$ ‖ v. 667 ΒΑΕ.] omm. $RBΓ$ | οὐδ'] ὀδ' $N$ | κλέπτης] corr. ex κλεπτης $R^2$ | οὐδεὶς] οὐδεὶς $R$ | ΠΡΑ.] omm. $RBΓ$ | κλέψει] κλέψαι $RBΓN$ | αὐτῷ] αὐτῶ $BΓN$ ‖ v. 668 ΒΑΕ.] omm. $RBΓ$ | ἄρα] ἄρα $R$ | ΠΡΑ.| : $R$ omm. $BΓ$ | οὔκ] οὔκ' $R$ οὔκ $B$ | ἢν] ἠν $R$ | γε] omm. $BΓ$ | καθεύδῃς] καθεύδης $RBΓN$

ΕΚΚΛΗΣΙΑΖΟΤΣΑΙ.

ΒΛΕ. οὐδ' ἦν γε θύραξ', ὥσπερ πρότερον; ΠΡΑ. βίοτος
γὰρ πᾶσιν ὑπάρξει.
ἦν δ' ἀποδύῃ γ', αὐτὸς δώσει. τί γὰρ αὐτῷ πρᾶγμα
μάχεσθαι; 670
ἕτερον γὰρ ἰὼν ἐκ τοῦ κοινοῦ κρεῖττον ἐκείνου
κομιεῖται.
ΒΛΕ. οὐδὲ κυβεύσουσ' ἆρ' ἄνθρωποι; ΠΡΑ. περὶ τοῦ γὰρ
τοῦτο ποιήσει;
ΒΛΕ. τὴν δὲ δίαιταν τίνα ποιήσεις; ΠΡΑ. κοινὴν πᾶσιν.
τὸ γὰρ ἄστυ
μίαν οἴκησίν φημι ποιήσειν συρρήξασ' εἰς ἓν ἅπαντα,
ὥστε βαδίζειν ὡς ἀλλήλους. ΒΛΕ. τὸ δὲ δεῖπνον
ποῦ παραθήσεις; 675
ΠΡΑ. τὰ δικαστήρια καὶ τὰς στοιὰς ἀνδρῶνας πάντα
ποιήσω.
ΒΛΕ. τὸ δὲ βῆμα τί σοι χρήσιμον ἔσται; ΠΡΑ. τοὺς κρα-
τῆρας καταθήσω

ADNOTATIO CRITICA.

v. 669 versui praef. ΒΛΕ. Dobraeus. — v. 672 ἄνθρωποι Dindorfius — fortasse in exitu versus scribendum est: ποιήσεις;

SCRIPTURAE DISCREPANTIA.

v. 669 ΒΛΕ.] omm. RBΓN | ἦν] ἦν R | γε] σε B | ΠΡΑ.] :
R omm. BΓN ‖ v. 670 ἦν] ἦν R | ἀποδύῃ| ἀποδύη R ἀποδύη
BΓN | αὐτὸς] : αὐτὸς R | τί] τὶ B | αὐτῷ] αὐτῶ BΓN ‖ v. 671
ἐκείνου] corr. ex ἐκείνου R | ἐκείνου κομιεῖται] κομιεῖται ἐκείνου
N ‖ v. 672 ΒΛΕ.| omm. RBΓ' | οὐδὲ] οὐδὲ R | κυβεύσουσ'] κυ-
βεύσουσιν B | ἆρ'] ἆρ' RBΓN | ἄνθρωποι] ἄνθρωποι RBΓN |
ΠΡΑ.] : RΓ' om. B ‖ v. 673 ΒΛΕ.] omm. RBΓ | δὲ] om. Γ |
ΠΡΑ.] : R omm. BΓ | πᾶσιν] πᾶσι ΓN ‖ v. 674 οἴκησίν φημι]
οἴκησιν φημὶ RBΓ οἴκησιν φημί N | συρρήξασ'] συρρήξας BΓ
συρρήξας' (sic) N ‖ v. 675 ὡς] εἰς RB | ΒΛΕ.] : R omm. BΓ |
o in δεῖπνον] in ras. est, sed a prima manu in B ‖ v. 676 ΠΡΑ.|
omm. RBΓ | τὰ] τὰ δὲ BΓ | δικαστήρια] δισκατήρια R | στοιὰς]
corr. ex στοιὰς R στοὰς est in BΓ | ante ἀνδρῶνας spatium trium fere
litterarum, novae personae indicium, relictum est in B | ἀνδρῶ-
νας πάντα] ἀνδρῶν 'πάντα (non intellexit librarius compendium
illud, quo pictum erat ας in ἀνδρῶνας vocabulo cfr. v. 636) N |
πάντα] corr. ex παντα R² | ποιήσω] ποήσω R ‖ v. 677 ΒΛΕ.]
omm. RBΓ | ΠΡΑ.] : RΓ om. B

ΕΚΚΛΗΣΙΑΖΟΥΣΑΙ.   59

καὶ τὰς ὑδρίας, καὶ ῥαψῳδεῖν ἔσται τοῖς παιδαρί-
    οισιν
τοὺς ἀνδρείους ἐν τῷ πολέμῳ, κεῖ τις δειλὸς γεγέ-
    νηται,
ἵνα μὴ δειπνῶσ' αἰσχυνόμενοι. ΒΛΕ. νὴ τὸν Ἀπόλλω
    χάριέν γε. ·      680
τὰ δὲ κληρωτήρια ποῖ τρέψεις; ΠΡΑ. εἰς τὴν ἀγο-
    ρὰν καταθήσω·
κατα στήσασα παρ' Ἁρμοδίῳ κληρώσω πάντας, ἕως ἂν
εἰδὼς ὁ λαχὼν ἀπίῃ χαίρων ἐν ὁποίῳ γράμματι
    δειπνεῖ,
καὶ κηρύξῃ τοὺς ἐκ τοῦ βῆτ' ἐπὶ τὴν στοιὰν ἀκο-
    λουθεῖν
τὴν βασίλειον δειπνήσοντας· τὸ δὲ θῆτ' εἰς τὴν παρὰ
    ταύτην,        685
τοὺς δ' ἐκ τοῦ κάππ' εἰς τὴν στοιὰν χωρεῖν τὴν
    ἀλφιτόπωλιν.
ΒΛΕ. ἵνα κάπτωσιν; ΠΡΑ. μὰ Δί', ἀλλ' ἵν' ἐκεῖ δειπνῶσιν.
    ΒΛΕ. ὅτῳ δὲ τὸ γράμμα

SCRIPTURAE DISCREPANTIA.

v. 678 ὑδρίας] ὕδρας $R$ corr. in ὑδριας $R^2$ | ῥαψῳδεῖν] ῥαψῳδεῖν $BN$ ῥαψῳδεῖν $Γ$ | παιδαρίοισιν] παιδαρίοισι $ΓN$ ‖ v. 679 τῷ πολέμῳ] τῶ πολέμω $BΓN$ | κεἰ] κ' εἰ $R$ ‖ v. 680 ΒΛΕ.|: $R$ omn. $BΓ$ | Ἀπόλλω] ἀπόλλω $R$ | χάριέν γε] corr. ex χάριεν γε $R^2$ χάριέν τε est in $N$ ‖ v. 681 κληρωτήρια] corr. ex κληρωτηρία $R$ | ΠΡΑ.] : $RΓ$ om. $B$ | εἰς] ἐς $BΓN$ | ἀγορὰν] corr. ex ἀγορᾶν $R^2$ | καταθήσω] καθήσω $R$ ‖ v. 682 κᾶτα στήσασα] κᾶτα στησα $R$ corr. in κᾶτα στήσασ' $R^2$ καταστήσασα est in $B$ κατα στήσασα $Γ$ κᾶτα στήσασα $N$ | Ἀρμοδίῳ] ἁρμοδίω $BΓN$ ‖ v. 683 ἀπίῃ] ἀπίει $R$ ἀπίη $BΓN$ | ὁποίῳ] ὁποίω $BΓN$ ‖ v. 684 κηρύξῃ] κηρύξει $RN$ κηρύξη $B$ κήρυξε $Γ$ | βῆτ'] βῆτα $R$ | ἐπὶ] erat καὶ επι, sed deletum est καὶ $R$ | τὴν] corr. ex την $R^2$ | στοιὰν] στοὰν $BΓ$ ‖ v. 685 τὸ δὲ θῆτ' εἰς τὴν παρὰ ταύτην] τοὺς δ' ἐκ τοῦ θῆτα παρ' αὐτὴν $B$ τὸ δὲ θῆτ' ἐστι παρ' αὐτὴν $Γ$ | εἰς] ἐς $R$ ἐς $N$ | παρὰ| corr. ex παρα $R^2$ ‖ v. 686 εἰς τὴν] ες την $R$ | στοιὰν] στοὰν $B I$ ‖ v. 687 ΒΛΕ.] omn. $RBΓN$ | κάπτωσιν] κάπτωσι $BΓ$ | ΠΡΑ.] : $RΓ$ βλε$^{πρ}$ $N$ om. $B$ | Δί'] δι' $R$ | νῶσιν in δειπνῶσιν] in ras. est, sed a prima manu; etiam super δει rasura est in $B$ | ΒΛΕ.] omn. $RBΓN$ | ὅτῳ] ὅτο $R$ ὅταν $B$ ὅτω $ΓN$ | γράμμα] γράμμα $Γ$

μὴ 'ξελκυσθῇ καθ' ὃ δειπνήσει; ΠΡΑ. τούτους ἀπελῶσιν ἅπαντες.
ἀλλ' οὐκ ἔσται τοῦτο παρ' ἡμῖν.
πᾶσι γὰρ ἄφθονα πάντα παρέξομεν· 690
ὥστε μεθυσθεὶς αὐτῷ στεφάνῳ
πᾶς τις ἄπεισιν τὴν δᾷδα λαβών.
αἱ δὲ γυναῖκες κατὰ τὰς διόδους
προσπίπτουσαι τοῖς ἀπὸ δείπνου
τάδε λέξουσιν· δεῦρο παρ' ἡμᾶς· 695
ἐνθάδε μεῖράξ ἐσθ' ὡραία.
παρ' ἐμοὶ δ', ἑτέρα
φήσει τις ἄνωθ' ἐξ ὑπερῴου,
καὶ καλλίστη καὶ λευκοτάτη·
πρότερον μέντοι δεῖ σε καθεύδειν 700

ADNOTATIO CRITICA.
v. 688 ΠΡΑ. ante τούτους inseruit Lentingius.

SCRIPTURAE DISCREPANTIA.
v. 688 μὴ 'ξελκυσθῇ] μη 'ξελκυσθῇ R μὴ 'ξελκυσθῇ B μὴ ἐξελκυσθῇ ΓΝ | καθ' ὅ] καθὸ ΓΝ | ΠΡΑ.] omm. RBΓΝ | τούτους] τούτοις R | ἀπελῶσιν] ἀμπελῶσιν Γ in vv. 689—710 verba ita disposita sunt, ut singuli versus finiantur vocabulis: ἡμῖν | παρέξομεν | στεφάνῳ | λαβών | διόδους | δείπνου | ἡμᾶς | ὡραία | ἄνω (in ἄνωθ') | καλλίστη | μέντοι | ἐμοί | ἀκολουθοῦντες | φαυλότεροι | οὗτος | ἐλθών | αἰσχροῖς | βινεῖν | (λαβόντας R) | συκῆς | δέφεσθαι RN — παρέξομεν | λαβών | δείπνου | ὡραία | καλλίστη B λευκοτάτη Γ | ἐμοί | ἀκολουθοῦντες | φαυλότεροι | οὗτος | ἐλθών | βινεῖν | συκῆς | δέφεσθαι ΒΓ — v. 689 versui praefixit πρᾶ Ν | οὐκ ἔσται] οὐκ εσται R corr. in οὐκέσται R² οὐκέτι B οὐκ ἔστι ΓΝ || v. 690 ἄφθονα] corr. ex ἄφθονα R² | in ras., sed a prima manu est αντα in πάντα, etiam super α in exitu ἄφθονα vocabuli rasura est in B | παρέξομεν] παρέξω B || v. 691 αὐτῷ στεφάνῳ] αὐτῷ στεφάνω ΒΓΝ || v. 692 τις] τίς Γ | ἄπεισιν] ἄπισι R ἄπεισι Γ | δᾷδα] δᾷδα ΒΓ δάδα Ν || v. 693 κατὰ τὰς διόδους] κατα τὰς διόδους R in textu haec verba omissa sunt, sed supra versum κατὰ διόδους adscripsit prima manus in B καταδιόδους est in Γ || v. 694 τοῖς ἀπὸ δείπνου] τοῖς ἀπὸ τοῦ δείπνον R τοῖς ἀπὸ δείπνῶν Ν || v. 695 λέξουσιν] λέξουσι Γ || v. 696 μεῖράξ] μεῖραξ R μείραξ ΒΓ μείρεξ Ν | ἐσθ'] ἴσθ' RBΓΝ | ὡραία] ὡραῖα R || v. 698 τις] τίς B τίς ΓΝ | ω in ἄνωθ'] supra versum adscripsit prima manus in B | ὑπερῴου] ὑπερώου ΒΓΝ || v. 700 πρότερον] πότερον Γ

## ΕΚΚΛΗΣΙΑΖΟΥΣΑΙ. 61

αὐτῆς παρ' ἐμοί.
τοῖς εὐπρεπέσιν δ' ἀκολουθοῦντες
καὶ μειρακίοις οἱ φαυλότεροι
τοιάδ' ἐροῦσιν· ποῖ θεῖς οὗτος;
πάντως οὐδὲν δράσεις ἐλθών·
τοῖς γὰρ σιμοῖς καὶ τοῖς αἰσχροῖς 705
ἐψήφισται προτέροις βινεῖν,
ὑμᾶς δὲ τέως θρῖα λαβόντας
διφόρου συκῆς
ἐν τοῖς προθύροισι δέφεσθαι.
φέρε νυν, φράσον μοι, ταῦτ' ἀρέσκει σφῷν; ΒΛΕ.
πάνυ. 710
ΠΡΑ. βαδιστέον τἄρ' ἐστὶν εἰς ἀγορὰν ἐμοί,
ἵν' ἀποδέχωμαι τὰ προσιόντα χρήματα,
λαβοῦσα κηρύκαιναν εὔφωνόν τινα.
ἐμὲ γὰρ ἀνάγκη ταῦτα δρᾶν ᾑρημένην
ἄρχειν, καταστῆσαί τε τὰ ξυσσίτια, 715
ὅπως ἂν εὐωχῆσθε πρῶτον τήμερον.

ADNOTATIO CRITICA.

v. 702 εὐπρεπέσιν δ' Bentleius. — vv. 705—708 nescio, an scribendum sit: ὑμᾶς δὲ τέως θρῖα λαβόντας διφόρου συκῆς χρὴ 'ν τοῖς προθύροισι δέφεσθαι. vel ὑμᾶς δὲ τέως δεῖ θρῖα λαβεῖν διφόρου συκῆς κἄν τοῖς προθύροισι δέφεσθαι. — v. 711 τἄρ' Dindorfius. — v. 716 τήμερον Brunckius.

SCRIPTURAE DISCREPANTIA.

v. 702 τοῖς εὐπρεπέσιν δ'] τοῖς δ' εὐπρεπέσιν *RΓN* τοῖς δευπρεπέσιν *B* ‖ v. 703 μειρακίοις] corr. ex μειρακίοισι *R* | ἐροῦσιν] ἐροῦσι *BΓ* | θεῖς] θεὶς *R* θεὸς *BΓ* ‖ v. 704 ο, quod erat ante οὐδὲν] deletum est *R* ‖ v. 706 ἐψήφισται] ἐψίφισται *N* | προτέροις] προτοῦ *B* προτερον *Γ* | βινεῖν] κινεῖν *Γ* ‖ v. 707 θρῖα] θρία *R B ΓN* | λαβόντας] λαβούσας *BΓ* ‖ v. 709 ἐν τοῖς] ex ἐντος corr. $R^2$ ‖ v. 710 versui praefixum est πρ̄ in *R* | νυν] νῦν *R B ΓN* | ταῦτ'] τουτ' *B* | ἀρέσκει] ἀρέσκειν *N* | σφῷν] σφῶν *ΓN* | *BΛE.*]: *R* omm. *BΓ* ‖ v. 711 *ΠΡΑ.*] — *R* omm. *BΓ* | τἄρ'] τ' ἄρ' *R* ἄρ' *BΓN* | ἐστὶν] ἐστιν *N* ‖ v. 713 εὔφωνόν] εὐφωνόν *B* ‖ v. 714 ἀνάγκη] ἀνάγκην *Γ* | ᾑρημένην] ᾑρημένην corr. ex ηρημένην *R* ᾑρημένην est in *BΓN* ‖ v. 715 καταστῆσαί τε] καταστῆσαι τε *N* | ξυσσίτια] ξυσσιτία *Γ* ‖ v. 716 εὐωχῆσθε] εὐωχεῖσθε *R* | τήμερον] σήμερον *RBΓN*

ΕΚΚΛΗΣΙΑΖΟΤΣΑΙ.

ΒΛΕ. ἤδη γὰρ εὐωχησόμεσθα; ΠΡΑ. φήμ' ἐγώ.
ἔπειτα τὰς πόρνας καταπαῦσαι βούλομαι
ἀπαξαπάσας. ΒΛΕ. ἵνα τί; ΑΝ. Α. δῆλον τουτογί·
ἵνα τῶν νέων ἔχωσιν αὗται τὰς ἀκμάς.   720
ΠΡΑ. καὶ τάς γε δούλας οὐχὶ δεῖ κοσμουμένας
τὴν τῶν ἐλευθέρων ὑφαρπάζειν Κύπριν,
ἀλλὰ παρὰ τοῖς δούλοισι κοιμᾶσθαι μόνον
κατωνάκην τὸν χοῖρον ἀποτετιλμένας.
ΒΛΕ. φέρε νυν ἐγώ σοι παρακολουθῶ πλησίον,   725
ἵν' ἀποβλέπωμαι καὶ ταδὶ λέγωσί με·
τὸν τῆς στρατηγοῦ τοῦτον οὐ θαυμάζετε;
ΑΝ. Α. ἐγὼ δ', ἵν' εἰς ἀγοράν γε τὰ σκεύη φέρω,
προχειριοῦμαι κἀξετῶ τὴν οὐσίαν.

ADNOTATIO CRITICA.

v. 719 *AN. A.* (pro *ΠΡΑ.*) scribendum esse coniecit Bergkins. — *τουτογί* Bentleius. — v. 724 *κατωνάκην* Dobraeus. — v. 726 *ταδὶ λέγωσι* transposuit Blaydesius (*με* est in cod. *N*). — v. 729 *κἀξετῶ* Cobetus.

SCRIPTURAE DISCREPANTIA.

v. 717 *ΒΛΕ.*] omm. *RBΓN* | *εὐωχησόμεσθα*; *ΠΡΑ. φήμ'*] *εὐωχησόμεσθα* : *φήμ' R* corr. in *εὐωχησόμεσθα*; *φήμ' R²* *εὐωχησόμεθα*   *φήμ' B* *εὐοχησόμεθα*: *φῆμ' Γ* *εὐωχησόμεθα*: *πρᾶ φήμ' N* ‖ v. 718 *ας* in *τὰς*] corr. a prima manu in *B* | *όρνας* in *πόρνας*] in ras., sed a prima manu in *B* ‖ v. 719 *ἁπαξαπάσας*] *ἁπαξ ἅσας R* corr. in *ἅπαξ ἁπασας R²* | *ΒΛΕ.*]: *R* omm. *ΒΓ* | *ἵνα τί*] *ἱνατί RN ἵνα τὶ B* | *ΑΝ. Α.*]: *R πρᾶ N* omm. *ΒΓ* | *τουτογί*] *τουτοτί R τουτὸ· τὶ·* (spatium trium fere litterarum inter τουτὸ et τὶ relicto) *B τοῦτο τί ΓN* ‖ v. 720 *ἔχωσιν*] *ἔχωσι Γ* ‖ v. 721 *ΠΡΑ.*] — *R* omm. *ΒΓN* | *δούλας*] *δούλᾶς Γ* ‖ v. 722 *ύπριν* in *κύπριν*] in ras. est, sed a prima manu in *B* ‖ v. 723 *ἀλλὰ* | corr. ex *ἄλλα R²* ‖ v. 724 *κατωνάκην*] *κατωνάκη RBΓN* | qui supra prius ε in *ἀποτετιλμένας*] erat accentus acutus, deletus est in *R* ‖ v. 725 *ΒΛΕ.*] *ὁ ανηρ R πρ͂ᾶ Γ* om. *B* | *νυν*] *νῦν RBΓN* | *ἐγώ σοι*] *ἐγώ σοι N* | *παρακολουθῶ*] *παρακολουθῶν Γ* | *πλησίον*] corr. ex *πλησιόν R* ‖ v. 726 *ταδὶ λέγωσί με*] *λέγωσί* (*λέγωσι R*) *μοι* (*με N*) *ταδὶ* (*ταδί R ταδὶ B*) *RBΓN* ‖ v. 727 *θαυμάζετε*] *θαυμάζεται N* ‖ v. 728 *ΑΝ. Α.*] *πρᾶ N* omm. *RBΓ* | *ἀγοράν γε*] corr. ex *ἀγορὰν γε R² ἀγροὰν τε* est in *N* ‖ v. 729 *προχειριοῦμαι*] *προχειροῦμαι BΓ* | *κἀξετῶ*| *κἀξετάσω RΓN κἀξετάζω B*

## ΕΚΚΛΗΣΙΑΖΟΤΣΑΙ.

### ΧΟΡΟΥ.

ΑΝ. Α. χώρει σὺ δεῦρ' ἡ κιναχύρα καλὴ καλῶς 730
τῶν χρημάτων θύραξε πρώτη τῶν ἐμῶν,
ὅπως ἂν ἐντετριμμένη κανηφορῇς,
πολλοὺς κάτω δὴ θυλάκους στρέψασ' ἐμούς.
ποῦ 'σθ' ἡ διφροφόρος; ἡ χύτρα δεῦρ' ἔξιθι,
νὴ Δία μέλαινά γ', ὡς ἂν εἰ τὸ φάρμακον 735
ἕψουσ' ἔτυχες ᾧ Λυσικράτης μελαίνεται.
ἵστω παρ' αὐτήν, δεῦρ' ἴθ' ἡ κομμώτρια·
φέρε δεῦρο ταύτην τὴν ὑδρίαν, ὑδριαφόρε,
ἐνταῦθα· σὺ δὲ δεῦρ' ἡ κιθαρῳδὸς ἔξιθι,
πολλάκις ἀναστήσασά μ' εἰς ἐκκλησίαν 740
ἀωρὶ νυκτῶν διὰ τὸν ὄρθριον νόμον.
ὁ τὴν σκάφην λαχὼν προΐτω· τὰ κηρία
κόμιζε, τοὺς θαλλοὺς καθίστη πλησίον,
καὶ τὼ τρίποδ' ἐξένεγκε καὶ τὴν λήκυθον·
τὰ χυτρίδι' ἤδη καὶ τὸν ὄχλον ἀφίετε. 745
ΑΝ. Β. ἐγὼ καταθήσω τἀμά; κακοδαίμων ἄρα
ἀνὴρ ἔσομαι καὶ νοῦν ὀλίγον κεκτημένος.

---

ADNOTATIO CRITICA.

v. 730 δεῦρ' ἡ κιναχύρα Bachmannus. — v. 735 ὡς (pro οὐδ') Halbertsma. — v. 742 λαχών Meinekius.

SCRIPTURAE DISCREPANTIA.

inter vv. 729 et 730 est χοροῦ in R omm. BΓN ‖ v. 730 ΑΝ. Α.] αλλος ανηρ R ἀνὴρ N omm. BΓ | σὺ] omm. BΓ | δεῦρ' ἡ κιναχύρα] δεῦρο κινάχυρα R δεῦρο κιραχύρα B δεῦρο κιναχύρα ΓN | καλὴ] κάλη N ‖ v. 732 κανηφορῇς] κανηφορὴς BΓN ‖ v. 733 στρέψασ'] στρέψασα RN ‖ v. 734 'σθ'] σθ' R | δεῦρ'] δεῦρο Γ ‖ v. 735 μέλαινά γ' | μελαινά γ' R | ὡς ἂν] οὐδ' ἂν RBΓN | εἰ τὸ] εἰς τὸ N ‖ v. 736 ἕψουσ'] ἑψοῦσ' RN | ἔτυχες] ἔτυχ' B | ᾧ] ὦ BN ‖ v. 737 ἵστω] ἴστω Γ | κομμώτρια] κομώτρια B κομμότρια Γ ‖ v. 738 φέρε] φίρω Γ ‖ v. 739 κιθαρῳδὸς] κιθαρωδὸς BΓN ‖ v. 741 ἀωρὶ νυκτῶν] ἄωρι νύκτωρ R ἀωρὶ νύκτων B ἀωρὶ νυκτῶν Γ' ἀωρινυκτῶν N | διὰ τὸν] διατὸν R | ὄρθριον] corr. in ὄρθιον (sic) R ‖ v. 742 ὁ] omm. BΓ | λαχών] λαβὼν RBΓN | προΐτω] προΐτάο B ‖ v. 744 τὼ τρίποδ'] τὸν τρίποδ' B τῶ τρίδ' (cfr. v. 676) N ‖ v. 746 ΑΝ. Β.] — R ἄλλος φειδωλὸς adscr. R² ἄλλος φειδωλὸς est in Γ' ἀνὴρ φειδωλὸς N om. B | καταθήσω] κταθήσω N

ΕΚΚΛΗΣΙΑΖΟΤΣΑΙ.

μὰ τὸν Ποσειδῶ οὐδέποτέ γ', ἀλλὰ βασανιῶ
πρώτιστα τοῦτο πολλάκις καὶ σκέψομαι.
οὐ γὰρ τὸν ἐμὸν ἱδρῶτα καὶ φειδωλίαν 750
οὐδὲν πρὸς ἔπος οὕτως ἀνοήτως ἐκβαλῶ,
πρὶν ἂν ἐκπύθωμαι πᾶν τὸ πρᾶγμ' ὅπως ἔχει.
οὗτος, τί τὰ σκευάρια ταυτὶ βούλεται;
πότερον μετοικιζόμενος ἐξενήνοχας
αὔτ', ἢ φέρεις ἐνέχυρα θήσων; ΑΝ. Α. οὐδαμῶς.
ΑΝ. Β. τί δῆτ' ἐπὶ στοίχου 'στὶν οὕτως; οὔ τί που 756
Ἱέρωνι τῷ κήρυκι πομπὴν πέμπετε;
ΑΝ. Α. μὰ Δί', ἀλλ' ἀποφέρειν αὐτὰ μέλλω τῇ πόλει
εἰς τὴν ἀγορὰν κατὰ τοὺς δεδογμένους νόμους.
ΑΝ. Β. μέλλεις ἀποφέρειν; ΑΝ. Α. πάνυ γε. ΑΝ. Β. κακο-
δαίμων ἄρ' εἶ 760
νὴ τὸν Δία τὸν σωτῆρα. ΑΝ. Α. πῶς; ΑΝ. Β.
ὅπως; * * *
* * * * * * * * * * * * * ῥᾳδίως.

ADNOTATIO CRITICA.

v. 748 Ποσειδῶ οὐδέποτέ γ' Porsonus. — v. 749 πρώτιστα τοῦτο Bluydesius. — v. 752 πρὶν ἂν ἐκπύθωμαι Porsonus. — v. 756 οὔ τί που Brunckius. — post v. 761 Bachmannum secutus lacunam statui, quae sic fere, ut exemplum proferam, expleri possit: νὴ τὸν Δία τὸν σωτῆρα. ΑΝ. Α. πῶς; ΑΝ. Β. ὅπως; ὅτι | μέλλεις ἀποφέρειν ταῦτα ἢ οὕτω ῥᾳδίως.

SCRIPTURAE DISCREPANTIA.

v. 748 οὐδέποτέ γ'] γ' οὐδέποτ' *RBΓN* || v. 749 πρώτιστα τοῦτο] πρώτιστον αὐτὰ *RBΓN* || v. 751 πρὸς ἔπος] προσέπος *N* (πρός ἔπος *R*) | οὕτως] omm. *BΓ* || v. 752 πρὶν ἂν] πρὶν *RBΓN* ἐκπύθωμαι] ἐκπύθομαι *N* || v. 755 αὔτ'] αὔτ' *RN* | *AN. A.*]: *RΓ* ἀνὴρ *N* om. *B* || v. 756 *AN. B.*] φειδωλὸς *N* omm. *RBΓ* ἐπὶ στοίχου] επιστοίχου *R* | 'στὶν] 'στιν *R* | οὕτως] οὗτος *N* | οὔ τί που] οὔ τι μὴ (μη *R*) *RBΓN* || v. 757 τῷ] τῶ *RΓN* τω *B* | πέμπετε] πέμπεται *N* || v. 758 *AN. A.*] ἀνὴρ *N* omm. *RBΓ* ἀλλ' ἀποφέρειν] ἀλλὰ (corr. ex ἀλλα *R*²) φέρειν *RΓN* | αὐτὰ] corr. ex αὐτα *R*² | τῇ] τη *B* τῇ *ΓN* || v. 759 εἰς] ἐς *RBΓN* | δεδογμένους] δεδιδαγμένους *BΓ* || v. 760 *AN. B.*] φειδωλὸς *N* omm. *RBΓ* | *AN. A.*]: *RΓ* ἀνὴρ *N* om. *B* | *AN. B.*]: *R* φειδωλὸς *N* omm. *BΓ* | " super α in ἄρ'] in ras. est, sed a prima manu in *B* | εἶ] εἶ — *R* || v. 761 *AN. A.*|: *R* ἀνὴρ *N* omm. *BΓ*|*AN.B.*]: *R* φειδωλὸς *N* omm. *BΓ* | ὅπως * * | * * * * * * ῥᾳδίως.] πῶς ῥᾳδίως *RΓ* πῶς ῥᾳδίως· (spatio duarum fere litterarum inter πῶς et ῥᾳδίως relicto) *B* πῶς ῥᾳδίως *N*

ΕΚΚΛΗΣΙΑΖΟΤΣΑΙ. 65

*AN. A.* τί δ'; οὐχὶ πειθαρχεῖν με τοῖς νόμοισι δεῖ;
*AN. B.* ποίοισιν, ὦ δύστηνε; *AN. A.* τοῖς δεδογμένοις.
*AN. B.* δεδογμένοισιν; ὡς ἀνόητος ἦσθ' ἄρα.
*AN. A.* ἀνόητος; *AN. B.* οὐ γάρ; ἠλιθιώτατος μὲν οὖν     765
   ἁπαξαπάντων. *AN. A.* ὅτι τὸ ταττόμενον ποιῶ;
*AN. B.* τὸ ταττόμενον γὰρ δεῖ ποιεῖν τὸν σώφρονα;
*AN. A.* μάλιστα πάντων. *AN. B.* τὸν μὲν οὖν ἀβέλτερον.
*AN. A.* σὺ δ' οὐ καταθεῖναι διανοεῖ; *AN. B.* φυλάξομαι,
   πρὶν ἄν γ' ἴδω τὸ πλῆθος ὅ τι βουλεύεται.     770
*AN. A.* τί γὰρ ἄλλο γ' ἢ φέρειν παρεσκευασμένοι
   τὰ χρήματ' εἰσίν; *AN. B.* ἀλλ' ἰδὼν ἐπειθόμην.
*AN. A.* λέγουσι γοῦν ἐν ταῖς ὁδοῖς. *AN. B.* λέξουσι γάρ.
*AN. A.* καί φασιν οἴσειν ἀράμενοι. *AN. B.* φήσουσι γάρ.
*AN. A.* ἀπολεῖς ἀπιστῶν πάντ'. *AN. B.* ἀπιστήσουσι γάρ.     775

ADNOTATIO CRITICA.

v. 773 λέξουσι γὰρ Aldina. — v. 775 πάντ' Aldina.

SCRIPTURAE DISCREPANTIA.

v. 762 *AN. A.*] — *R* ἀνὴρ *N* omm. *B Γ* | δ'; οὐχὶ] δ' οὐ *R* δ' οὐχὶ *B Γ N* | μὲ] γε *B* om. *Γ* || v. 763 *AN. B.*] — *R* φειδωλὸς *N* omm. *B Γ* | *AN. A.*] : *R* ἀνὴρ *N* omm. *B Γ* || v. 764 *AN. B.*] φειδωλὸς *N* omm. *R B Γ* || v. 765 *AN. A.*] — *R* ἀνὴρ *N* omm. *B Γ* | *AN. B.*] : *R* φειδωλὸς *N* omm. *B Γ* | ἠλιθιώτατος] ἠλιθιώτατος corr. ex ἠλιθιώτατος *R*[2] || v. 766 ἁπαξαπάντων] ἁπαξ ἁπάντων corr. ex ἅπαξ ἁπάντων *R* | *AN. A.*] : *R* ἀνὴρ *N* omm. *B Γ* | ποιῶ] ποῶ *R Γ* || v. 767 *AN. B.*] — *R* omm. *B Γ N* | ποιεῖν] ποιεῖν *R Γ* ποεῖν rasura corr. ex ποιεῖν *N* || v. 768 *AN. A.*] — *R* omm. *B Γ N* | *AN. B.*] : *R* φειδωλὸς *N* omm. *B Γ* | ἀβέλτερον] corr. ex αβέλτερον *R*[2] || v. 769 *AN. A.*] — *R* ἀνὴρ *N* omm. *B Γ* | οὐ] οὐδε *R* | διανοεῖ] διανοῇ *B* | *AN. B.*] : *R Γ* φειδωλὸς *N* om. *B* || v. 770 πρὶν ἄν γ' ἴδω] πρὶν ἄν γ' ἴδω *R N* πρὶν περ ἄν ἴδω *B* πρὶν γ' ἄν ἴδω *Γ* | ὅ τι] ὅτιπερ (τι in ras. est, sed a prima manu) *B* | βουλεύεται] βούλεται *B Γ* || v. 771 *AN. A.*] ἀνὴρ *N* omm. *R B Γ* || v. 772 τὰ] corr. ex τα *R*[2] | εἰσίν] εἰσίν corr. ex εἰσὶν *R* | *AN. B.*] : *R* φειδωλὸς *N* omm. *B Γ* || v. 773 *AN. A.*] ἀνὴρ *N* omm. *R B Γ* | λέγουσι γοῦν] λέγουσί γ' οὖν *R* | *AN. B.*] : *R* φειδωλὸς *N* omm. *B Γ* | λέξουσι γάρ] λέγουσι γάρ (γαρ *R* γὰρ *B N*) *R B Γ N* || v. 774 *AN. A.*] ἀνὴρ *N* omm. *R Γ N* | καί φασιν] καὶ φασὶν *R B N* και φασὶν *Γ* | *AN. B.*] : *R* φειδωλὸς *N* omm. *B Γ* || vv. 774 et 775 unum versum efficiunt in *Γ* || v. 775 *AN. A.*] ἀνὴρ *N* omm. *R B Γ* | πάντ'] πάντα *R N* σύ γε *B* om. *Γ* | *AN. B.*] : *R* φειδωλὸς *N* omm. *B Γ* | γάρ] corr. ex γὰρ in *R*

*AN. A.* ὁ Ζεύς σέ γ' ἐπιτρίψειεν. *AN. B.* ἐπιτρίψουσι γάρ.
οἴσειν δοκεῖς τιν' ὅστις αὑτῶν νοῦν ἔχει;
οὐ γὰρ πάτριον τοῦτ' ἐστίν, ἀλλὰ λαμβάνειν
ἡμᾶς μόνον δεῖ νὴ Δία. καὶ γὰρ οἱ θεοί·
γνώσει δ' ἀπὸ τῶν χειρῶν γε τῶν ἀγαλμάτων, 780
ὅταν γὰρ εὐχώμεσθα διδόναι τἀγαθά,
ἕστηκεν ἐκτείνοντα τὴν χεῖρ' ὑπτίαν,
οὐχ ὥς τι δώσοντ', ἀλλ' ὅπως τι λήψεται.
*AN. A.* ὦ δαιμόνι' ἀνδρῶν, ἔα με τῶν προὔργου τι δρᾶν.
ταυτὶ γάρ ἐστι συνδετέα. ποῦ μοῦσθ' ἱμάς; 785
*AN. B.* ὄντως γὰρ οἴσεις; *AN. A.* ναὶ μὰ Δία, καὶ δὴ μὲν οὖν
τωδὶ ξυνάπτω τὼ τρίποδε. *AN. B.* τῆς μωρίας,
τὸ μηδὲ περιμείναντα τοὺς ἄλλους ὅ τι

ADNOTATIO CRITICA.

v. 780 γε Reiskius. — v. 785 μοῦσθ' Dindorfius.

SCRIPTURAE DISCREPANTIA.

v. 776 *AN. A.*] ἀνὴρ *N* omm. *R B Γ* | Ζεύς] ξεὺς *R B* | *AN. B.*]: *R* φειδωλὸς *N* omm. *B Γ* ‖ vv. 776 et 777 unum versum efficiunt in *Γ* ‖ v. 777 praefixum est — *R* ἀνὴρ *N* | τιν'] τίν' *B N* | ante ὅστις] est : *R* φειδωλὸς *N* | αὑτῶν] corr. ex αὐτῶν *B* ‖ v. 778 praefixum est ἀνὴρ *N* | ἀλλὰ] corr. ex ἄλλα *R*² ‖ vv. 778 et 779 unum versum efficiunt in *Γ* ‖ v. 779 ἡμᾶς] ὅμως *B* | δεῖ νὴ Δία] δεῖ : νὴ δί' *R* δεῖ νὴ δία spatio trium fere litterarum relicto inter δεῖ et νὴ *B* δεῖ : νὴ δία *Γ* δεῖ : φειδωλὸς. νὴ δί' *N* | οἱ] omm. *Γ N* | θεοί] corr. ex θεοὶ *R* ‖ v. 780 γε] τε *R B Γ* τὲ *N* | τῶν] καὶ *B Γ N* | ἀγαλμάτων] τὰ γάλματα *B Γ* om. *N* ‖ v. 781 ὅταν] ὅτ' ἂν *R N* | εὐχώμεσθα] εὐχώμεθα *Γ N* | τἀγαθά] τ' ἀγαθὰ *R* | vv. 781 et 782 unum versum efficiunt in *Γ* ‖ v. 782 χεῖρ'] χεῖραν *B* χείρας *Γ* (χειρ' *R*) ‖ v. 783 οὐχ] οὐχ' *R Γ* | δώσοντ'] δώσοντες *B Γ* | ὅπως] ὥς *B* | τι] τί *R Γ* τίς *N* ‖ v. 784 *AN. A.*] om. *R* ἀνὴρ ὁ θέλων κατατεθεῖναι adscr. *R*² ἀνὴρ ὁ βουλόμενος καταθεῖναι *N* omm. *B Γ* | ὦ] ὃ *Γ* | δαιμόνι'] δαίμονι *Γ* | ἔα με] σύγε. ἔα *B* ἔα *Γ* | τῶν προὔργου] τῶν προὔργου *R* προὔργον *B* τὸν προὔργον *N* | τι] τί *R Γ N* | verba ab ἔα incl. suum versum efficiunt in *Γ* ‖ v. 785 γάρ ἐστι] γὰρ ἔστι *Γ* | συνδετέα] συνδοτέα *R* | μοῦσθ'] μουσ' *R* corr. in μ'ουσθ' *R*² μοῦσθ' est in *B Γ* μουσθ' *N* | ἱμάς] ἡμᾶς *B* ἥμας *Γ* ‖ v. 786 *AN. B.*] φειδωλὸς *N* omm. *R B Γ* | *AN. A.*] : *R* ἀνὴρ *N* omm. *B Γ* ‖ v. 787 τωδὶ] τῶδὶ *Γ* | *AN. B.*] : *R* φειδωλὸς *N* omm. *B Γ* | σ in τῆς] in rasura est, sed a prima manu in *B* ‖ v. 788 τὸ μηδὲ] τὸ μηδὲ *R* τὸ δὲ μὴ *B Γ* τὸ μηδὲ *N* | περιμείναντα] περὶ μείναντα *R* παραμείναντα *B Γ*

ΕΚΚΛΗΣΙΑΖΟΤΣΑΙ. 67

δράσουσιν, είτα τηνικαϋτ' ήδη *AN. A.* τί δράν;
*AN. B.* έπαναμένειν, έπειτα διατρίβειν έτι. 790
*AN. A.* ίνα δή τί; *AN. B.* σεισμός εί γένοιτο πολλάκις,
ή πυρ απότροπον, ή διάξειεν γαλή,
παύσαιντ' αν είσφέροντες, ώμβρόντητε σύ.
*AN. A.* χαρίεντα γοϋν πάθοιμ' αν, εί μή 'χοιμ' όποι 791
ταϋτα καταθείην. *AN. B.* μή γαρ ού λάβης όποι·
θάρρει, καταθήσεις, καν ένης έλθης. *AN. A.* τιή;
*AN. B.* έγώδα τούτους χειροτονοϋντας μέν ταχύ,
άττ' αν δέ δόξη, ταϋτα πάλιν άρνουμένους.
*AN. A.* κομιοϋσιν, ώ τάν. *AN. B.* ην δέ μή κομίσωσι, τί;
*AN. A.* αμέλει κομιοϋσιν. *AN. B.* ήν δέ μή κομίσωσι, τί; 800

ADNOTATIO CRITICA.

v. 794 'χοιμ' Bentleius. — v. 795 καταθείην Brunckius. — λάβης
Heindorfius. — v. 799 κομιοϋσιν scripsi pro οϊσουσιν codicum.

SCRIPTURAE DISCREPANTIA.

v. 789 *AN. A.*] : *R* άνήρ *N* omm. *BΓ* | δράν] δράς *N* ‖ v.
790 *AN. B.*| — *R* φειδωλός *N* omm. *BΓ* | έπαναμένειν] corr. ex
έπαναμένειν *R* ‖ v. 791 *AN. A.*] — *R* άνήρ *N* omm. *BΓ*| τί] τί
*B* | *AN. B.*] φειδωλός *N* omm. *RBΓ* | in γένοιτο] οι in rasura
est, sed a prima manu in *B* γένηται est in *Γ* ‖ v. 792 διάξειεν]
διήξειεν (in rasura est ή, sed a prima manu) *B* διάξειεν *ΓN*
γαλή] γαλή *ΓΒ* v. 793 άν] άρ' *R* | ώμβρόντητε σύ] ώ 'μβρόντητε
σύ *R* ώ 'μβρότητε σύ *B* ώ 'μβρότητε σύ *Γ* ώ 'μβρόντητε σύ *N* ‖ v. 794
*AN. A.*| — *R* άνήρ *N* omm. *BΓ*| χαρίεντα γοϋν| χαρίεντά γ' ούν
*RΓ* | πάθοιμ'] πύθοιμ' *ΓN* | μή 'χοιμ'] μήχοιμ' *R* μάχοιμ' *B* μήχ'
οιμ' *Γ* μήχοιμ' *N* ‖ v. 795 καταθείην] καταθείμην corr. ex κατα-
θείμην *R* καταθείμην est in *BΓN* | *AN. B.*] : *R* φειδωλός *N* omm.
*BΓ* | λάβης] λάβοις *RBΓN* | όποι] όπαι *N* ‖ v. 796 θάρρει] ρει
spatio trium litterarum in introitu versus relicto *B* θάρρ' εί est
in *Γ* | καταθήσεις| corr. ex καταθήσεις *R* | καν] κ' άν *R* | ένης|
ένης *R* ένης *BΓN* | έλθης] έλθης *BΓN* | *AN. A.*] : *R* άνήρ *N*
omm. *BΓ* | τιή] τίη *N* ‖ v. 797 *AN. B.*] φειδωλός *N* omm. *RBΓ*|
έγώδα] έγώ δα *R* έγ' ώδα *B* έγ' ώδα *Γ* έγώδα *N* | τούτους] τού-
τοις *N* | ταχύ] ταχείς *BΓN* ‖ v. 798 άττ'] άττ' *R* | δόξη] δόξει
*R* δόξη *ΒΓN* | ταϋτα] corr. ex σαϋτα *N* ‖ v. 799 *AN. A.*] άνήρ
*N* omm. *RBΓ* | κομιοϋσιν] οϊσουσιν *RBΓN* | τάν] τάν *B* |
*AN. B.*] : *R* φειδωλός *N* omm. *BΓ* | ήν] ήν *R* | τί] τί *B* ‖ v.
800 *AN. A.*] — *R* άνήρ *N* omm. *BΓ* | *AN. B.*] : *R* φειδωλός *N*
omm. *BΓ* | omissa sunt verba ab ήν (in versu 800) usque ad
ήν (in versu 801), reliqua unum versum efficiunt in *BΓ* | ήν]
ήν *R*

5*

ΑΝ. Α. μαχούμεθ' αὐτοῖς. ΑΝ. Β. ἢν δὲ κρείττους ὦσι, τί;
ΑΝ. Α. ἄπει μ' ἐάσας. ΑΝ. Β. ἢν δὲ πωλῶσ' αὐτά, τί;
ΑΝ. Α. διαρραγείης. ΑΝ. Β. ἢν διαρραγῶ δέ, τί;
ΑΝ. Α. καλῶς ποιήσεις. ΑΝ. Β. σὺ δ' ἐπιθυμήσεις φέρειν·
ΑΝ. Α. ἔγωγε· καὶ γὰρ τοὺς ἐμαυτοῦ γείτονας  805
ὁρῶ φέροντας. ΑΝ. Β. πάνυ γ' ἂν οὖν Ἀντισθένης
αὐτοῖς ἐνέγκοι· πολὺ γὰρ ἐμμελέστερον
πρότερον χέσαι πλεῖν ἢ τριάκονθ' ἡμέρας.
ΑΝ. Α. οἴμωζε. ΑΝ. Β. Καλλίμαχος δ' ὁ χοροδιδάσκαλος
αὐτοῖσιν εἰσοίσει τι; ΑΝ. Α. πλείω Καλλίου.  810
ΑΝ. Β. ἄνθρωπος οὗτος ἀποβαλεῖ τὴν οὐσίαν.
ΑΝ. Α. δεινὸν λέγεις. ΑΝ. Β. τί δεινόν; ὥσπερ οὐχ ὁρῶν

ADNOTATIO CRITICA.

v. 804 nescio, an versus scribendus sit: *ΑΝ. Α. καλῶς ποιήσεις.*
*ΑΝ. Β. σὺ δ' ἔτι μέλλεις εἰσφέρειν;* — v. 807 *αὐτοῖς ἐνέγκοι* Meinekius. — v. 808 *πρότερον* vocab. suspicor ex glossemate in versum irrepsisse: *πρότερον χέσαι οὐκ ἐδύνατο.* Conieccrim autem Aristophanem scripsisse: *πολὺ γὰρ ἐμμελέστερον | πρωκτῷ χέσαι πλεῖν ἢ τριάκονθ' ἡμέρας.* De lusu, qui inest in *χέσαι* vocabulo, cfr. hinc. Ecclesiaz. vv. 366—368, illinc Eq. v. 70. — v. 811 *ἄνθρωπος* Dindorfius. — v. 812 *δεινὸν* Cobetus.

SCRIPTURAE DISCREPANTIA.

v. 801 ΑΝ. Α.] ἀνὴρ N om. R | μαχούμεθ' αὐτοῖς] μουχούμεθα τοῖς N | ΑΝ. Β.] : R φειδωλός N | ἢν] ἤν R | τί] τί B ‖ v. 802 omissus est in BΓ | ΑΝ. Α.] — R ἀνὴρ N | ΑΝ. Β.] : R φειδωλὸς N | ἢν] ἤν R ‖ v. 803 ΑΝ. Α.] — R ἀνὴρ N omm. BΓ | ΑΝ. Β.] : R φειδωλὸς N omm. BΓ | ἢν] ἤν R | in rasura, sed a prima manu est ἤν et δὲ in B | τί] τί B ‖ v. 804 ΑΝ. Α.] — R ἀνὴρ N omm. BΓ | ποιήσεις] ποιήσεις R | ΑΝ. Β.] : R φειδωλὸς N omm. BΓ | δ'] δὲ BΓ ‖ v. 805 ΑΝ. Α.] — R ἀνὴρ N omm. BΓ ‖ v. 806 ΑΝ. Β.] : R φειδωλὸς N omm. ΓB | πάνυ] corr. ex πανυ R² ‖ v. 807 αὐτοῖς ἐνέγκοι] αὐτ' εισενέγκοι R αὐτ εισενέγκοι BΓ αὐτ' εἰσενέγκοι N | ante πολὺ] spatium trium fere litterarum, novae personae indicium, relictum est in B ‖ v. 808 πλεῖν] πλεῖς Γ | ἡμέρας] corr. ex ἡμερας R² ‖ v. 809 ΑΝ. Α.] — R ἀνὴρ N omm. BΓ | ΑΝ. Β.] φειδωλὸς N omm. RBΓ ‖ v. 810 τι] τί RBN | ΑΝ. Α.] : R omm. BΓN | πλείω] πλεῖον B πλεῖον corr. ex πλείω (sic) Γ | Καλλίου] κάλλιον B ‖ v. 811 ΑΝ. Β.] ἀνὴρ N omm. RBΓ | ἄνθρωπος] ὤνθρωπος RΓN ὤ ἄνθρωπος B | τὴν] τὴν N ‖ v. 812 ΑΝ. Α.] φειδωλὸς N omm. RBΓ | δεινὸν] δεινά γε RBΓ δεινά γε N | ΑΝ. Β.] : R ἀνὴρ N omm. BΓ | οὐχ] οὐχ' RΓ

ΕΚΚΛΗΣΙΑΖΟΤΣΑΙ. 69

* ἀεὶ τοιαῦτα γιγνόμενα ψηφίσματα.
οὐκ οἶσθ' ἐκεῖν' οὖδοξε, τὸ περὶ τῶν ἁλῶν;
AN. A. ἔγωγε. AN. B. τοὺς χαλκοῦς δ' ἐκείνους ἡνίκα 815
ἐψηφισάμεσθ', οὐκ οἶσθα; AN. A. καὶ κακόν γέ μοι
τὸ κόμμ' ἐγένετ' ἐκεῖνο. πωλῶν γὰρ βότρυς
μεστὴν ἀπῆρα τὴν γνάθον χαλκῶν ἔχων,
κᾆπειτ' ἐχώρουν εἰς ἀγορὰν ἐπ' ἄλφιτα.
ἔπειθ' ὑπέχοντος ἄρτι μου τὸν θύλακον, 820
ἀνέκραγ' ὁ κῆρυξ, μὴ δέχεσθαι μηδένα
χαλκὸν τὸ λοιπόν· ἀργύρῳ γὰρ χρώμεθα.
AN. B. τὸ δ' ἔναγχος οὐχ ἅπαντες ἡμεῖς ὤμνυμεν
τάλαντ' ἔσεσθαι πεντακόσια τῇ πόλει
τῆς τετταρακοστῆς, ἣν ἐπόρισ' Εὐριπίδης; 825
κεὐθὺς κατεχρύσου πᾶς ἀνὴρ Εὐριπίδην·

ADNOTATIO CRITICA.

v. 822 χαλκὸν Pollux. — v. 825 τετταρακοστῆς Brunckius, ceterum τῆς τετταρακοστῆς genetivus a τάλαντα πεντακόσια vocc. eodem modo pendere videtur, quo dicit Thucydides II, 13, 3 προσῄει τετρακόσια τάλαντα φόρου κατ' ἐνιαυτὸν τῇ πόλει (secundum Krügerum). — v. 826 * κεὐθὺς Kusterus.

SCRIPTURAE DISCREPANTIA.

v. 813 ἀεὶ] αἰεὶ BΓN | γιγνόμενα] γινόμενα BΓN ‖ v. 814 ἐ in ἐκεῖν'] in rasura est, sed a prima manu in B ἐκεῖνα est in Γ | οὖδοξε] οὐδοξε R ἁ ˝δοξε (in rasura est ε, sed a prima manu) B οὐδοξε N | τὸ] τὰ B ‖ v. 815 AN. A.] φειδωλὸς N omm. RBΓ| AN. B.]: R ἀνὴρ N omm. BΓ | χαλκοῦς] χαλκοὺς RΓN vs in χαλκοῦς in rasura est, sed a prima manu in B ‖ v. 816 ἐψηφισάμεσθ'] ἐψηφίσαμεθ' B ἐψηφισάμεθα Γ | AN. A.] : R φειδωλὸς N omm. BΓ | κακόν γε] κακὸν γε R κακὸν γέ B κακὸν γὲ N ‖ v. 817 ἐγίνετ'] ἐγίνετ' B | βότρυς] ὁ βότρυς R | vv. 817 et 818 unum versum efficiunt, item 819 et 820, 821 et 822, 823 et 824, 825 et 826 in Γ ‖ v. 818 ἀπῆρα] ἀπῄιρα R | γνάθον] γλιάθον N | χαλκῶν] χαλκους B ‖ v. 820 ἔπειθ'] ἔπειτ' Γ ‖ v. 821 ἀνέκραγ'] corr. ex ἀνέκα' γ' in R ἐνέκραγε est in BΓ | ὁ κῆρυξ] κήρυξ BΓ ὁ κῆρυς N | μηδένα] μηδένα R ‖ v. 822 χαλκὸν] χαλκοῦν RBΓN | λοιπόν] corr. ex λοιπὸν R (λοιπὸν est in BΓN) | ἀργύρῳ] ἀργυρῷ ἀ ἀργύρῳ BΓN ‖ v. 823 AN. B.] ἀνὴρ N omm. RBΓ | οὐχ] οὐχ' RΓ ‖ v. 824 τῇ] τῇ BΓN ‖ v. 825 τῆς] corr. ex της R² | τετταρακοστῆς] τεσσερακοστῆς R τεσσαρακοστῆς BN τεσσαρακοστης Γ | ἐπόρισ'] εὐπόρισ' ΓN ‖ v. 826 κεὐθὺς] καὐθὺς RB κανθὺς Γ κανθύς N | Εὐριπίδην] εὐριπίδης N

ὅτε δὴ δ' ἀνασκοπουμένοις ἐφαίνετο
ὁ Διὸς Κόρινθος καὶ τὸ πρᾶγμ' οὐκ ἤρκεσεν,
πάλιν κατεπίττου πᾶς ἀνὴρ Εὐριπίδην.
ΑΝ. Α. οὐ ταὐτόν, ὦ τᾶν. τότε μὲν ἡμεῖς ἤρχομεν, 830
νῦν δ' αἱ γυναῖκες. ΑΝ. Β. ἃς ἐγὼ φυλάξομαι
νὴ τὸν Ποσειδῶ μὴ κατουρήσωσί μου.
ΑΝ. Α. οὐκ οἶδ' ὅ τι ληρεῖς. φέρε σὺ τἀνάφορον ὁ παῖς.
ΚΗΡ. ὦ πάντες ἀστοί, νῦν γὰρ οὕτω ταῦτ' ἔχει,
χωρεῖτ', ἐπείγεσθ' εὐθὺ τῆς στρατηγίδος, 835
ὅπως ἂν ὑμῖν ἡ τύχη κληρουμένοις
φράσῃ καθ' ἕκαστον ἄνδρ' ὅπου δειπνήσετε·
ὡς αἱ τράπεζαί γ' εἰσὶν ἐπινενησμέναι
ἀγαθῶν ἁπάντων καὶ παρεσκευασμέναι,
κλῖναί τε σισυρῶν καὶ δαπίδων νενασμέναι. 840
κρατῆρας ἐγκιρνᾶσιν, αἱ μυροπώλιδες
ἑστᾶσ' ἐφεξῆς· τὰ τεμάχη ῥιπίζεται,

ADNOTATIO CRITICA.

v. 836 ὑμῖν Faber. — v. 838 ἐπινενησμέναι Brunckius. — v. 841 ἐγκιρνᾶσιν Dawesius. — v. 812 recte statuisse videtur Herwerdenus locum hiulcum esse atque sic constituendum: τὰ τεμάχη • • | • • • • (τὸ πῦρ) ῥιπίζεται | λαγῷ ἀναπηγνύασι, πόπανα πέττεται, nisi forte ῥιπίζεται vocab., quod scholiasta per ὑπτᾶται interpretatur, idem fere significat atque ἀποτηγανίζεται.

SCRIPTURAE DISCREPANTIA.

v. 827 δ' | θ' R | ἐφαίνετο] ἐμφαίνεται ΒΓ ‖ v. 829 κατεπίττου] κατεπίπτου ΓΝ ‖ v. 830 ΑΝ. Α.] φειδωλὸς Ν omm. ΡΒΓ| οὐ] οὔτ' R | ταὐτόν] αὐτὸν R ταυτὸν ΒΓΝ | τὰν] τὰν Β ‖ v. 831 ΑΝ. Β ] : R omm. ΒΓΝ | ἃς] ἃς γ' Β ἃς γ' ΓΝ (ἃς R) | φυλάξομαι] φυλάξομαι — R ‖ v. 832 κατουρήσωσί] κατουρήσουσί RΓΝ ‖ v. 833 ΑΝ. Α.] ἀνὴρ Ν omm. RΒΓ | τἀνάφορον] τ' ἀνάφορον RΝ τἀνύφορον ΒΓ ‖ v. 834 ΚΗΡ(κᾱινα] κηρυξ R κῆρυξ Ν omm. ΒΓ ‖ v. 835 εὐθὺ] εὐθὺς Ν | τῆς στρατηγίδος] τῃστρατηγίδος corr. ex τηστρατηγίδος R ‖ v. 836 ὑμῖν] ἡμῖν RΒΓΝ | ἡ τύχη] εἰ τύχοι R ‖ v. 837 φράσῃ] φράσει R φ in φράσῃ in rasura est, sed a prima manu in Β φράσῃ est etiam in ΓΝ | καθ' ἕκαστον] καθέκαστον RΓΝ | ὅπου] ὅποι R ὅπα ΓΝ ‖ v. 838 τράπεζαί γ'] τράπεζαι γ' Β | ἐπινενησμέναι] ἐπινενασμέναι RΒΓΝ ‖ v. 840 κλῖναί τε] κλίναι τε RΓΝ κλίνοι τε Β ‖ v. 841 κρατῆρας ἐγκιρνᾶσιν] κρατῆρα συγκιρνᾶσιν (hoc corr. ex συγκιρνᾶσιν) R κρατῖνα συγκιρνᾶσιν ΒΓΝ ‖ v. 842 ἑστᾶσ' ἱστᾶσ' Β ἑστῶσ' Ν

λαγῷ' ἀναπηγνύασι, πόπανα πέττεται,
στέφανοι πλέκονται, φρύγεται τραγήματα,
χύτρας ἔτνους ἕψουσιν αἱ νεώταται· 845
Σμοῖος δ' ἐν αὐταῖς ἱππικὴν στολὴν ἔχων
τὰ τῶν γυναικῶν διακαθαίρει τρύβλια.
Γέρων δὲ χωρεῖ χλανίδα καὶ κονίποδε
ἔχων, καχάζων μεθ' ἑτέρου νεανίου·
ἐμβὰς δὲ κεῖται καὶ τρίβων ἐρριμμένος. 850
πρὸς ταῦτα χωρεῖθ', ὡς ὁ τὴν μᾶζαν φέρων
ἕστηκεν· ἀλλὰ τὰς γνάθους διοίγετε.
ΑΝ. Β. οὐκοῦν βαδιοῦμαι δῆτα. τί γὰρ ἕστηκ' ἔχων
ἐνταῦθ', ἐπειδὴ ταῦτα τῇ πόλει δοκεῖ;
ΑΝ. Α. καὶ ποῖ βαδιεῖ σὺ μὴ καταθεὶς τὴν οὐσίαν; 855
ΑΝ. Β. ἐπὶ δεῖπνον. ΑΝ. Α. οὐ δῆτ', ἤν γ' ἐκείναις νοῦς
ἐνῇ,

ADNOTATIO CRITICA.

v. 843 Athenaei error in λάγανα πέττεται ex primis versus vocabulis: λαγῷ' ἀναπηγνύασι profectus esse videtur. — v. 846 Σμοῖος Brunckius. — v. 848 κονίποδε Dindorfius. — v. 851 μᾶζαν Bekkerus.

SCRIPTURAE DISCREPANTIA.

v. 843 λαγῷ'] λαγῷ R λαγὼ BΓ' λαγὦ' N | ἀναπηγνύασι] ἀναπηγνύουσι B | πέττεται] corr. ex πέττεται N ∥ v. 844 φρύγεται] φρύσσεται B φρύγονται ΓN | τραγήματα] τρυγήματα N ∥ v. 845 ἕψουσιν] ἐψυσσιν R ἔψουσιν Γ' ∥ v. 846 Σμοῖος] σμοιὸς R σμυὸς B σμυός Γ.σμοὶὸς N ∥ v. 848 α in καὶ] in rasura est, sed a prima manu in B | κονίποδε] κονίποδα — R κονίποδα BΓN ∥ v. 849 νεανίου] νεανίδου BΓ' ∥ v. 850 ἐρριμμένος] ἐριμμένος RN ∥ v. 851 προς ταῦτα] προσ ταῦτα R | μᾶζαν] μάζαν RBΓN ∥ v. 852 ἕστηκεν] εστηκεν R | διοίγετε] διοίγνυτε corr. ex διοίγνετε R in margine διοίγετε διχῶς adscr. R² διοίγνυτε est in B διοίγνετε ΓN ∥ v. 853 ΑΝ. Β.] — R ἀνὴρ ὁ μὴ καταθεὶς N omm. BΓ | οὐκοῦν] οὔκουν Γ' | α in δῆτα] in rasura est, sed a prima manu in B ∥ v. 854 τῇ] τῇ N | ἐπειδὴ ταῦτα τῇ πόλει δοκεῖ] ἐπειδὴ τῇ πόλει ταυτὶ δοκεῖ (in ras., sed a prima manu sunt: ῆ in τῇ, ει in πόλει) B ἐπειδὴ τῇ πόλει ταῦτα δοκεῖ Γ' ∥ v. 855 ΑΝ. Α.] — R κῆρυξ N omm. BΓ | ποῖ βαδιεῖ] ποιεῖ R corr. in ποι βαδιεῖ R² ∥ v. 856 ΑΝ. Β.] — R ὁ μὴ καταθεὶς N omm. BΓ | ἐπὶ δεῖπνον] ἐπιδεῖπνον R | ΑΝ. Α.] : R κῆρυξ N omm. BΓ | ἤν γ'] ἤν γ' R | ἐνῇ] ἐνῇ BΓN

ΕΚΚΛΗΣΙΑΖΟΤΣΑΙ.

πρὶν ἄν γ' ἀπενέγκῃς. ΑΝ. Β. ἀλλ' ἀποίσω. ΑΝ. Α. πηνίκα;
ΑΝ. Β. οὐ τοὐμόν, ὦ τᾶν, ἐμποδὼν ἔσται. ΑΝ. Α. τί δή;
ΑΝ. Β. ἑτέρους ἀποίσειν φήμ' ἔθ' ὑστέρους ἐμοῦ.
ΑΝ. Α. βαδιεῖ δὲ δειπνήσων ὅμως; ΑΝ. Β. τί γὰρ πάθω;
τὰ δυνατὰ γὰρ δεῖ τῇ πόλει ξυλλαμβάνειν       861
τοὺς εὖ φρονοῦντας. ΑΝ. Α. ἢν δὲ κωλύσωσι, τί;
ΑΝ. Β. ὁμόσ' εἶμι κύψας. ΑΝ. Α. ἢν δὲ μαστιγῶσι, τί;
ΑΝ. Β. καλούμεθ' αὐτάς. ΑΝ. Α. ἢν δὲ καταγελῶσι, τί;
ΑΝ. Β. ἐπὶ ταῖς θύραις ἑστώς ΑΝ. Α. τί δράσεις; εἰπέ μοι. 865
ΑΝ. Β. τῶν εἰσφερόντων ἁρπάσομαι τὰ σιτία.
ΑΝ. Α. βάδιζε τοίνυν ὕστερος· σὺ δ', ὦ Σίκων
καὶ Παρμένων, αἴρεσθε τὴν παμπησίαν.

ADNOTATIO CRITICA.
v. 857 πρὶν ἄν γ' Porsonus.

SCRIPTURAE DISCREPANTIA.
v. 857 πρὶν ἄν γ' ἀπενέγκῃς] πρίν γ' ἀπενέγκῃς (hoc. corr.
ex ἀπενεγκῃς $R^2$) R πρὶν γ' ἄν ἀπενέγκης B πρίν γ' ἀπὸ νίκης
Γ πρὶν γ' ἀπενείκης N | ΑΝ. Β.] : R ὁ μὴ καταθεὶς N omm.
BΓ | ΑΝ. Α.] : R κῆρυξ N omm. BΓ | πηνίκα] ὁπηνίκα ΓN ‖ v.
858 ΑΝ. B.] ὁ μὴ καταθεὶς N omm. RBΓ | τᾶν] τὸν B | ἐμποδών] ἐμποδῶν RΓN | ΑΝ. Α.] : R κῆρυξ N omm. BΓ ‖ v. 859
ΑΝ. Β.] ὁ μὴ καταθεὶς N omm. RBΓ | ἔθ']εἴθ' R | ὺ in ὑστέρους] in ras. est, sed a prima manu in B | vv. 859 et 860 unum
versum efficiunt, item 861 et 862, 863 et 864, 865 et 866, 867
et 868 in Γ ‖ v. 860 ΑΝ. Α.] — R κῆρυξ N omm. BΓ | ὅμως]
ὅπως N | ΑΝ. Β.] : R ὁ μὴ καταθεὶς N omm. BΓ ‖ v. 861 τὰ
δυνατὰ γὰρ δεῖ] τοὺς γὰρ δυνατοὺς δεῖ B | τῇ] τῇ BΓN | ξυλλαμβάνειν] ξυλαμβάνειν N ‖ v. 862 ΑΝ. Α.] : R κῆρυξ N omm.
BΓ | κωλύσωσι] κωλύωσι B | τί] τὶ B ‖ v. 863 ΑΝ. Β.] ὁ μὴ
καταθεὶς N omm. RBΓ | ὁμόσ' εἶμι]'ὁμοσ' εἶμι R ὁμόσ' εἶμι B
ὁμόσ εἶμι Γ | ΑΝ. Α.] : R κῆρυξ N omm. BΓ | μαστιγῶσι] μαστιγώσῃ Γ | τί] τὶ B ‖ v. 864 ΑΝ. Β.] — R ὁ μὴ καταθεὶς N omm.
BΓ | καλούμεθ'] corr. ex καλοῦμεθ' $R^2$ καλούμεθα Γ | ΑΝ. Α.]
κῆρυξ N : R omm. BΓ | τί] τὶ B ‖ v. 865 ΑΝ. Β.] — R ὁ μὴ
καταθεὶς N omm. BΓ | ἐπὶ] corr. ex ἐπι $R^2$ | ΑΝ. Α.] : R κῆρυξ
N omm. BΓ | τί δράσεις; εἰπέ μοι] τί δράσεις εἰπέ μοι RBΓN ‖
v. 866 ΑΝ. Β.] — R ὁ μὴ καταθεὶς N omm. BΓ | εἰσφερόντων]
ἐσφερόντων RN | τὰ] corr. ex τα $R^2$ | σιτία] σιτα Γ ‖ v. 867 ΑΝ. Α.]
— R ὁ ·καταθεὶς in margine adscr. $R^2$ κῆρυξ N omm. BΓ | ante
σὺ δ' spatium trium fere litterarum, novae personae indicium,
relictum est in B | Σίκων] σίμων B ‖ v. 868 παμπησίαν] πομπηγίαν B πομπησίαν Γ·

ΕΚΚΛΗΣΙΑΖΟΥΣΑΙ. 73

*ΑΝ. Β.* φέρε νυν εγώ σοι ξυμφέρω. *ΑΝ. Α.* μή, μηδαμώς.
δέδοικα γὰρ μὴ καὶ παρὰ τῇ στρατηγίδι, 870
ὅταν κατατιθῶ, προσποιῇ τῶν χρημάτων.
*ΑΝ. Β.* νὴ τὸν Δία δεῖ γοῦν μηχανήματός τινος,
ὅπως τὰ μὲν ὄντα χρήμαθ᾽ ἕξω, τοισδεδὶ
τῶν ματτομένων κοινῇ μεθέξω πως ἐγώ.
ὀρθῶς ἔμοιγε φαίνεται βαδιστέον 875
ὁμόσ᾽ ἐστὶ δειπνήσοντα κοὐ μελλητέον.

*ΧΟΡΟΥ.*

*ΓΡ. Α.* τί ποθ᾽ ἄνδρες οὐχ ἥκουσιν; ὥρα δ᾽ ἦν πάλαι·
ἐγὼ δὲ καταπεπλασμένη ψιμυθίῳ
ἕστηκα καὶ κροκωτὸν ἠμφιεσμένη,
ἀργός, μινυρομένη τι πρὸς ἐμαυτὴν μέλος, 880
παίζουσα. πῶς ἂν περιβάλοιμ᾽ αὐτῶν τινὰ
παριόντα; Μοῦσαι, δεῦρ᾽ ἴτ᾽ ἐπὶ τοὐμὸν στόμα,

ADNOTATIO CRITICA.

v. 873 τοισδεδὶ Bergkius. — v. 877 ἄνδρες Dindorfius. — ἥκουσιν Brunckius. — v. 881 παίζουσα. πῶς ἂν περιβάλοιμ᾽ αὐτῶν τινά | παρ‧ ιόντα; Dobraeus.

SCRIPTURAE DISCREPANTIA.

v. 869 *ΑΝ. Β.*] ὁ μὴ καταθεὶς *N* omm. *RBΓ* | νυν] νῦν *RBΓN* | *ΑΝ. Α.*] : *R* κήρυξ *N* omm. *BΓ* | μή, μηδαμῶς] μὴ μηδαμῶς *R* σὺ μηδαμῶς *B* μη μηδαμῶς *Γ* μὴ μηδαμῶς *N* || v. 870 παρὰ τῇ] παρα τῇ *R* παρὰ τῇ *BΓ* παρὰ τη *N* || v. 871 ὅταν] ὅτ᾽ ἂν *RΓN* | προσποιῇ] προσποιῇ *BΓN* || v. 872 *ΑΝ. Β.*] ὁ μὴ καταθεὶς *N* omm. *RBΓ* | δεῖ] δεῖ corr. ex δὴ *R* | γοῦν] γ᾽ οὖν *R* || v. 873 τὰ] corr. ox τα *R*² | μὲν ὄντα] μένοντα *R* μὲν *B* | ἔξω] ἔξω *R* | τοισδεδὶ] τοίσδέ γε *RBΓ* τοῖς δὲ γε *N* || v. 874 κοινῇ] κοινῇ *BΓN* | πως] πῶς *RBΓ* | ἐγώ] corr. ex ἐγὼ *R* || v. 875 ἔμοιγε] corr. ex ἐμοιγε *R*² || v. 876 ὁμόσ᾽] ὁμοσ᾽ *B* ὁ ᾽μός *Γ* | ἐστί] ἐστι *ΓN* | δειπνήσοντα] corr. ex δειπνήσωντα *R* | κοὐ] κ᾽οὐ *R* | μελλητέον] μελητέον *R* || *ΧΟΡΟΥ.*] χοροῦ *R* omm. *BΓN* || v. 877 *ΓΡ. Α.*| γραῦς *RΓN* om. *B* | ποθ᾽] ποτ᾽ *BΓN* | ἄνδρες] ἄνδρες *RBΓN* | οὐχ] οὐχ᾽ *RΓN* | ἥκουσιν] ἥξουσιν *RBΓ* ἥξουσι corr. ex ἥξωσι *N* || v. 878 ψιμυθίῳ) ψιμιθίω *B* ψιμυθίων *Γ* ψιμυθίω *N* || v. 879 ἠμφιεσμένη] ἠμφιεσμένη — *R* || v. 880 τι] τί *RBΓN* | πρὸς ἐμαυτὴν] προσέμαυτὴν *R* || v. 881 παίζουσα. πῶς] παίζουσ᾽ ὅπως *RN* παίζουσ᾽· ὅμως *B* παίζουσ᾽ ὅμως *Γ* | περιβάλοιμ᾽] περὶ λάβοιμ᾽ *R* παραλάβοιμ᾽ *BΓ* περιλάβοιμ᾽ *N* | τινὰ| τινά· *Γ* τινα *N* || v. 882 ἴτ᾽] ἴτε *Γ* | ἐπὶ τοὐμὸν] ἐπι τουμὸν *R*

ΕΚΚΛΗΣΙΑΖΟΤΣΑΙ.

μελύδριον εύρούσαί τι τών Ιωνικών.
*ΝΕΑΝΙΣ.* νύν μέν με παρακύψασα προύφθης, ώ σαπρά.
ώου δ' έρήμας ου παρούσης ένθάδε 885
έμού τρυγήσειν και προσάξεσθαί τινα
άδουσ'· έγώ δ', ήν τούτο δράς, άντάσομαι.
κεί γάρ δι' όχλου τούτ' έστι τοίς θεωμένοις,
όμως έχει τερπνόν τι και κωμωδικόν.
*ΓΡ. Α.* τούτω διαλέγου κάποχώρησον· σύ δέ, 890
Φιλοττάριον αυλητά, τούς αυλούς λαβών
άξιον έμού και σού προσαύλησον μέλος.
εί τις αγαθόν βούλεται πα-

ADNOTATIO CRITICA.

v. 890 τούτω i. e. τώ πρωκτώ μου recte Bothius explicat. Obvertit enim anus podicem puellae ex adverso habitanti, ipsa tibicinem suum a tergo adstantem alloquens. — v. 891 Φιλοττάριον scripsi, derivatur enim a Φίλοττος nomine.

SCRIPTURAE DISCREPANTIA.

v. 883 μελύδριον] μελίδρυον Γ | εύρούσαί τι] εύρούσαι τί *RB*Γ ‖
v. 884 *ΝΕΑΝΙΣ*.] άλλ νεα *R* άλλη νέα *N* omm. *B*Γ | προύφθης] πρόυφθης *R* πούφθης *B*Γ ‖ v. 885 ώου] ώον *B*Γ*N* | δ' έρήμας] δέ ρήμας *B*Γ (δ' ερήμας) *R* ‖ v. 886 προσάξεσθαί τινα] προσάξεσθαι τινά *RB* προσάξασθαι τινά Γ προσάξεσθαι τινά *N* ‖ v. 887 άδουσ'] άδουσ' *BN* άδουσα Γ | έγώ δ'] έγώδ' *B* έγώ δέ Γ | ήν] ήν Γ ήν *N* | δράς, άντάσομαι] δράσαντ' άίσομαι *R* δράσης. άσομαι *B* δράσαντ' άσομαι Γ*N* ‖ v. 888 δι' όχλου] διόχλου *RN* | τούτ' έστι] τούτό έστι Γ ‖ v. 889 posterius ε in έχει] in ras. est, sed a prima manu in *B* | κωμωδικόν] κωμωδικόν *BN* κωμωδικόν Γ ‖ v. 890 *ΓΡ. Α.*] — *R* γραύς *N* omm. *B*Γ | τούτω] corr. ex τούτω *R* τούτω est in *B*Γ*N* | κάποχώρησον] κ' άποχώρησον *R* κάπιχώρησον *B*Γ*N* ‖
v. 891 αυλούς] corr. ex αυλητάς Γ[2] ‖ in vv. 893—924 verba ita disposita sunt, ut singuli versus finiantur vocabulis: πα (in παθείν) | καθεύδειν | έ (in ένεστιν) | πεπείραις | έθέλοι | φίλον | ξυνείη | πέτοιτο | νέαισι | έμπέφυκε | μηροίς | σύ δ' ώ | παραλέλεξαι | μέλημα | τρήμα | άποβάλοιο | σποδείσθαι | εύροις | βουλο (in βουλομένη) | φιλήσαι | πείσομαι | μούταίρος | ή | βέβηκε | λέγειν | ίκετεύομαι | ύπως | σε | Ιωνίας | κνησιάς | μοι | Λεσβίους | ύφαρπάσαιο | έμήν | άπολήψει *R* — έμοί | πεπείραις | φίλον | πέτοιτο | έμπέφυκε | έπανθεί | μέλημα | άποβάλοιο | όφιν | φιλήσαι | μούταίρος | βέβηκε | ίκετεύομαι | σε | κνησιάς | Λεσβίους | παίγνια | άπολήψει *B* — έμοί | πεπείραις | φίλον | πέτοιτο | έμπέφυκε | έπανθεί |· μέλημα | σποδείσθαι | φιλήσαι | μούταίρος | ταύτα | 'Ορθαγόραν | σε | κνησιάς |

θεῖν τι, παρ' ἐμοὶ χρὴ καθεύδειν.
οὐ γὰρ ἐν νέαις τὸ σοφὸν ἔν- 895
εστιν, ἀλλ' ἐν ταῖς πεπείραις·
οὐδέ τοι στέργειν τις ἐθέλοι
μᾶλλον ἢ 'γὼ τὸν φίλον ἄν, ὤ-
περ ξυνείην·
ἀλλ' ἐφ' ἕτερον ἂν πέτοιτο.
NEANIΣ. μὴ φθόνει ταῖσιν νέαισι, 900
τὸ τρυφερὸν γὰρ ἐμπέφυκε
τοῖς ἁπαλοῖσι μηροῖς,
κἀπὶ τοῖς μήλοις ἐπανθεῖ·
σὺ δ', ὦ γραῦ, παραλέλεξαι κἀντέτριψαι,
τῷ θανάτῳ μέλημα. 905

ADNOTATIO CRITICA.

v. 896 τις ἐθέλοι scripsi (pro ἂν ἐθέλοι codicum) et ἂν in v. 897 ante ὤπερ inserui (φίλον — ὤπερ R φίλον ἡ νέα. ὤπερ N i. e. in archetypo illorum codicum spatium vacuum, quia vocabulum quoddam exciderat, erat relictum, cuius spatii causam ignorantes librarii illi personae notam inepte inseruerunt). Sed fortasse praestat, ut iterata ἂν particula, scribatur: οὐδέ τις (sic B) στέργειν ἂν ἐθέλοι | μᾶλλον ἢ 'γὼ τὸν φίλον ἄν, ὤ- | περ ξυνείην.

SCRIPTURAE DISCREPANTIA.

Λεσβίους | παίγνια | ἀπολήψει Γ — βούλεται | καθεύδειν | ἔ (in ἔνεστιν) | πεπείραις | ἐθέλοι | φίλον | πέτοιτο | νέαισι | ἐμπέφυκε | μηροῖς | σὺ δ' ὦ | τῷ | μέλημα | ἀπυβάλοιο | σποδεῖσθαι | εὔροις | φιλῆσαι | μούταιρος | ἡ | βέβηκε | λέγειν | ἱκετεύομαι | ὅπως | σε | Ἰωνίας | κνησιᾷς | Λεσβίους | ὑφαρπάσαιο | ἐμὴν | ἀπολήψει N —
v. 893 in margine adscripsit: ᾄδει η γραῦς R² versui praefixum: γραῦς in Γ ἡ γραῦς ᾄδει (minio a secunda illa manu, ut ubique) in N || v. 894 τι] τί R | χρὴ καθεύδειν] omm. BΓ || v. 895 ἔνεστιν] ἔν ἐστιν ΓN || v. 896 ἐν] εν R | πεπείραις] ἐμπείροις BΓ πεπείροισι N || v. 897 οὐδέ τοι] οὐδέ τις B οὐδέ τοι N | τις ἐθέλοι] ἂν εθέλοι R ἂν ἐθέλοι BΓN || v. 898 ἢ] ἡ R | τὸν φίλον ἄν, ὤπερ] τὸν φίλον· — ὤπερ R τὸν φίλον ὤπερ B τὸν φίλον ὤπερ Γ· τὸν φίλον ἡ νέα. ὤπερ N || v. 899 ἐφ' ἕτερον] εφέτερον R ἀφ' ἕτερον Γ | πέτοιτο] πεποιτο B || v. 900 NEANIΣ.] R ἀντᾴδει ἡ νέα τῇ γραΐ adscr. R² omm. BΓN | ταῖσιν] ταῖσι BΓN || v. 901 ἐμπέφυκε] ἐμπέφυκεν B || v. 902 ἁπαλοῖσι] ἁπαλοῖσι R ἁπαλοῖς BΓN | μηροῖς] μηρίοις R μηρίοισι N || v. 903 κἀπὶ τοῖς] κάπι τοῖς R | μήλοις] corr. ex μήλοισ' R || v. 904 κἀντέτριψαι] καντέτριψαι R || v. 905 τῷ θανάτῳ] τῶ θανάτω BΓN

ΓΡ. Α. ἐκπέσοι πού σοι τὸ τρῆμα,
τό τ' ἐπίκλιντρον ἀποβάλοιο,
βουλομένη σποδεῖσθαι,
κἀπὶ τῆς κλίνης ὄφιν ψυ-
χρὸν εὕροις τινὰ σὺ καὶ πρὸς σ' ἑλκύσαιο     910
βουλομένη φιλῆσαι.
ΝΕΑΝΙΣ. αἰαῖ, τί ποτε πείσομαι;
οὐχ ἧκει μοὐταίρος
μόνη δ' αὐτοῦ λείπομ'· ἡ
γάρ μοι μήτηρ ἄλλῃ βέβηκε,
καὶ τἄλλα μ' οὐδὲν τὰ μετὰ ταῦτα δεῖ λέγειν.
ἀλλ', ὦ μαῖ', ἱκετεύομαι,                      915
900—905 = 906—911

ADNOTATIO CRITICA.

v. 906 inserui *που*. — v. 907 *ἀποβάλοιο* Bothius. — vv. 909 et 910 *ψυχρὸν* inseruit Bergkius. — *τινὰ σὺ* ipse adieci. — *πρὸς σ' ἑλκύσαιο* coniecit Schneiderus. Scio haec omnia valde incerta esse. - v. 913 *μοὐταίρος* Bekkerus. — in v. 914 Dobraeum secutus sum, sed nescio, an potius, nulla versus 920 ratione habita, scribendum sit: *βέβηκε καὶ τἄλλ' οὐ- | δέν με τὰ μετὰ ταῦτα δεῖ λέγειν*. Nam in vv. 912—917 et 918—923 primi et ultimi versus (912 et 918, 917 et 923) soli inter se respondent, velut in vv. 952—959 et 960—968 tres primi et tres ultimi soli responsionis legem secuntur. Ceterum v. 913 fortasse scribendus est: *οὐ γὰρ ἧκει μοὐταίρος* (ut ex *γὰρ* vocabuli compendio noto ortum sit *χ*) atque v. 913: *μήτηρ γὰρ ἄλλῃ βέβη* —.

SCRIPTURAE DISCREPANTIA.

v. 906 ΓΡ. Α.] — *R γραῦς N* omm. *ΒΓ | πού σοι*] *σου ΡΓΝ*
*σοι* corr. in *σου Β* | v. 906 desinunt, spatiis vacuis relictis, notae personarum a secunda manu, quae eiusdem fere aetatis est ac manus prima, minio postea adscriptae in *N* ‖ v. 907 *ἀποβάλοιο*] *ἀποβάλοις R ΒΓΝ* ‖ v. 908 *βουλομένη*] ex *βουλομενη* corr. *R² βο-
λομένη* est in *N* ‖ vv. 909 et 910 *κἀπὶ*] *κἄπι R | ψυχρὸν εὕροις
τινὰ σὺ*] *εὕροις ΡΒΝ εὕροις: Γ | πρὸς σ' ἑλκύσαιο*] *προσελκύσαιο
ΡΝ προσελκύσαις Β προσελκύσαι Γ | βουλομένη*] corr. ex *βουλο-
μένη | μένη* in *R* ‖ v. 911 *ΝΕΑΝΙΣ.*] *ἡ νεα R νέᾱⁿ Γ* omm.
*ΒΝ | αἰαῖ*] *αἱ αἱ R αἱ αἱ ΒΓΝ | πείσομαι*] *πειράσομαι ΒΓ | οὐχ*]
*οὐχ' ΡΓΝ | μοὐταίρος*] *μ' οντ' αἴρος R μουτοῦρος Β μου τοῦρος
ΓΝ* ‖ v. 913 *ἄλλῃ*] *ἄλλη ΡΒΓΝ* ‖ v. 914 *βέβηκε*] *βέβηκεν ΒΓΝ |
καὶ τἄλλα μ' οὐδὲν*] *καὶ τἄλλ' οὐδὲν ΡΒΓ καὶ τἄλλ' οὐδὲν N |
τὰ μετὰ ταῦτα*] *μετα ταυτα R μετὰ ταῦτα ΒΓ με ταυτα Ν | λέγειν*]
corr. ex *λεγειν R² | δεῖ λέγειν*] omm. *ΒΓ* ‖ v. 915 *ὦ*] *ὦ Ν | μαῖ'*]
*μαί' ΒΓ μαί'* corr. ex *μαῖ'* (sic) *N*

ΕΚΚΛΗΣΙΑΖΟΤΣΑΙ. 77

κάλει τὸν Ὀρθαγόραν, ὅπως
σαυτῆς ἂν κατόναι', ἀντιβολῶ σε.
ΓΡ. Α. ἤδη τὸν ἀπ' Ἰωνίας
τρόπον τάλαινα κνησιᾷς·
δοκεῖς δέ μοι κἂν λάβδα κατὰ τοὺς Λεσβίους.   920
ΝΕΑΝΙΣ. ἀλλ' οὐκ ἂν ποθ' ὑφαρπάσαιο
τἀμὰ παίγνια· τὴν δ' ἐμὴν
ὥραν οὐκ ἀπολεῖς οὐδ' ἀπολήψει.
ΓΡ. Α. ᾄδ' ὁπόσα βούλει καὶ παράκυφθ' ὥσπερ γαλῆ·
οὐδεὶς γὰρ ὡς σὲ πρότερον εἴσεισ' ἀντ' ἐμοῦ.   925
ΝΕΑΝΙΣ. οὔκουν ἐπ' ἐκφοράν γε. καινόν γ', ὦ σαπρά.
ΓΡ. Α. οὐ δῆτα. ΝΕΑΝΙΣ. τί γὰρ ἂν γραῦ καινά τις λέγοι;
ΓΡ. Α. οὐ τοὐμὸν ὀδυνήσει σε γῆρας. ΝΕΑΝΙΣ. ἀλλὰ τί;
ἦγχουσα μᾶλλον καὶ τὸ σὸν ψιμύθιον;
ΓΡ. Α. τί μοι διαλέγει; ΝΕΑΝΙΣ. σὺ δὲ τί διακύπτεις;
ΓΡ. Α. ἐγώ;   930

ADNOTATIO CRITICA.

v. 916 Orthagorae nomine significari videntur τὰ μεμιμημένα illa Lysistr. vv. 108 et 109, 159. — v. 917 ἂν κατόναι· Hermannus. — v. 920 κἂν Blaydesius. — v. 924 παρέκυψε, velut antea (v. 884) anus, et ipsa puella.

SCRIPTURAE DISCREPANTIA.

v. 917 ἂν κατόναι'] κατόναι' RN κατόναιο B κατόναι Γ || v. 918 ΓΡ. Α.] ἡ γραῦς R γραῦς Γ omm. BN | ἀπ'] ἀπὸ ΓN (ἀπ R) || v. 919 κνησιᾷς] κνησιᾶς BΓN || v. 920 κἂν] καὶ RBN και Γ | λάβδα] λάμβδα R λαύδα BΓ | λ in λεσβίους in ras. est, sed a prima manu in B || v. 921 ΝΕΑΝΙΣ.] omm. RBΓN | οὐκ ἂν] οὐκ' ἂν R οὐκάν N || v. 922 τἀμά] τἀμὰ R || v. 923 οὐκ] οὐκ' R || v. 924 ΓΡ. Α.] ἡ νεα R omm. BΓN | παράκυφθ'] παράκυφ' B παράκυφρ' (sic) N | ὥσπερ γαλῆ] ὡς γαλῆ B ὡς γαλή Γ || v. 925 οὐδείς] οὐδεῖς R || v. 926 ΝΕΑΝΙΣ.] omm. RBΓN | ἐπ' ἐκφοράν γε | ἐπεκφοράν γε R ἐπ' ἐκφοράν· B ἐκπεφόραν : Γ ἐκποφόραν γε: N | καινόν γ' | : καινόν γ' R καινὸν BΓ || v. 927 ΓΡ. Α.] — R omm. BΓN | ΝΕΑΝΙΣ.] : R omm. BΓN | τί] τὶ B | γραῖ] γρᾶι R γραῦς B γρᾶ ΓN | καινά] μαινάς B || v. 928 ΓΡ. Α.] — R omm. BΓN | γῆρας] γέρας BΓ | ΝΕΑΝΙΣ.] : R omm. BΓN || v. 929 versui praefixum est — R | ἦγχουσα] ἦγχουσα RN ἡ ὔχουσα B ηὔχουσα Γ | μᾶλλον] μᾶλλον μᾶλλον N | ψιμύθιον] ψιμίθιον B ψιμμύθιον N || v. 930 ΓΡ. Α.] — R omm. BΓN | διαλέγει] διαλέγη B | ΝΕΑΝΙΣ.] : R omm. BΓN | σὺ δὲ] σύ δὲ Γ | ΓΡ. Α.] : R omm. BΓN

ᾄδω πρὸς ἐμαυτὴν Ἐπιγένει τωμῷ φίλῳ.
ΝΕΑΝΙΣ. σοὶ γὰρ φίλος τίς ἐστιν ἄλλος ἢ Γέρης;
ΓΡ. Α. δείξει γε καὶ σοί. τάχα γὰρ εἰσιν ὡς ἐμέ.
ὁδὶ γὰρ αὐτός ἐστιν. ΝΕΑΝΙΣ. οὐ σοῦ γ', ὤλεθρε,
δεύμενος οὐδέν. ΓΡ. Α. νὴ Δί'. ΝΕΑΝΙΣ. ὦ φθί-
νυλλα σύ,                                            935
δείξει τάχ' αὐτός, ὡς ἔγωγ' ἀπέρχομαι.
ΓΡ. Α. κἄγωγ', ἵνα γνῷς ὡς πολύ σου μεῖζον φρονῶ.
ΝΕΑΝΙΑΣ. εἶθ' ἐξῆν παρὰ τῇ νέᾳ καθεύδειν,
καὶ μὴ 'δει πρότερον διασποδῆσαι
ἀνάσιμον ἢ πρεσβυτέραν·                              940

ADNOTATIO CRITICA.

v. 933 δείξει Aldina. — v. 939 μὴ 'δει Elmsleius. — v. 940 πρεσβυ-
τέραν Bothius.

SCRIPTURAE DISCREPANTIA.

v. 931 ᾄδω] ᾄδω BN | πρὸς ἐμαυτὴν] προσεμαυτὴν R | Ἐπι-
γένει] ἐπὶ γένει ΓΝ | τωμῷ] τῶι μῶι R τωμῶ BN τῷ 'μῷ Γ
φίλῳ] φίλω ΒΓΝ ǁ v. 932 ΝΕΑΝΙΣ.] — R omm. ΒΓΝ | σοὶ]
σὺ R ǁ v. 933 ΓΡ. Α.] omm. RBΓN | δείξει] δόξει RBΓ δύξῃ
N | σοί] corr. ex σοὶ R | εἶσιν] εἰσὶν R | ἐμέ] εμέ corr. ex εμὶ
in R ǁ v. 934 ἐστιν] εστὶν R | ΝΕΑΝΙΣ.] : R omm. ΒΓΝ |
ὤλεθρε] ὦ 'λεθρε Β ὤλεθρε ΓΝ ǁ v. 935 οὐδέν] corr. ex οὐδὲν
R | ΓΡ. Α.] : R ἡ νεωτέρα in margine adscr. R² νέ Γ omm. BN |
νὴ] corr. in νη (sic) R | ΝΕΑΝΙΣ.] omm. RBΓN | φθίνυλλα
σύ,] φίννλλα σύ· N ǁ v. 936 αὐτός, ὡς| αυτός : ὡς R ǁ v. 937
ΓΡ. Α.| ἡ γραῦς R νέ Γ omm. BN | κἄγωγ'] κἄγωγε B κἄγωγ
Γ | γνῷς] γνῶς R γνῶς ΒΓΝ | πολύ σου] πολύ σοῦ R ǁ in vv.
938—946 verba ita disposita sunt, ut singuli versus terminentur
vocibus: καθεύδειν | διασποδῆσαι | πρεσβυτέραν | ἀνασχετὸν | ἐλευ-
θέρῳ | σποδήσεις | ἐστίν | ποιεῖν| δημοκρατούμεθα R — καθεύδειν |
διασποδῆσαι | ἐλευθέρῳ | σποδήσεις | ἐστίν | δημοκρατούμεθα B —
καθεύδειν | διασποδῆσαι | ἐλευθέρῳ | ἐστίν | δημο (in δημοκρατού-
μεθα) Γ — καθεύδειν | διασποδῆσαι | ἀνασχετὸν | ἐλευθέρῳ | σπο-
δήσεις | ἐστίν | ποιεῖν | δημοκρατούμεθα N — v. 938 ΝΕΑΝΙΑΣ.]
νεος τίς R omm. ΒΓΝ | εἶθ'] εἶτ' B εἶθ' Γ | ἐξῆν] ἐξῆν N
(ἐξῆν R) | τῇ νέᾳ] τῇ νέα ΒΓΝ ǁ v. 939 μὴ 'δει] μηδὲν R μηδὲν
ΒΓΝ ǁ v. 940 ἀνάσιμον] corr. ex ἀνασιμον R² ἀν' ἄσιμον est in
N | πρεσβυτέραν] πρεσβύτερον RΓN πρεσβύτερον; corr. ex πρεσβύ-
τερον· Β² | vv. 940 et 941 unum versum efficiunt in Γ

ΕΚΚΛΗΣΙΑΖΟΥΣΑΙ. 79

οὐ γὰρ ἀνασχετὸν τοῦτό γ' ἐλευθέρῳ.
ΓΡ. Α. οἰμώξων ἄρα νὴ Δία σποδήσεις.
οὐ γὰρ τἀπὶ Χαριξένης τάδ' ἐστίν.
κατὰ τὸν νόμον ταῦτα ποιεῖν
ἔστι δίκαιον, εἰ δημοκρατούμεθα. 945
ἀλλ' εἶμι τηρήσουσ' ὅ τι καὶ δράσει ποτέ.
ΝΕΑΝΙΑΣ. εἴθ', ὦ θεοί, λάβοιμι τὴν καλὴν μόνην,
ἐφ' ἣν πεπωκὼς ἔρχομαι πάλαι ποθῶν.
ΝΕΑΝΙΣ. ἐξηπάτησα τὸ κατάρατον γρᾴδιον·
φροῦδη γάρ ἐστιν οἰομένη μ' ἔνδον μενεῖν. 950
ἀλλ' οὑτοσὶ γὰρ αὐτὸς οὗ 'μεμνήμεθα.
δεῦρο δὴ δεῦρο δή,

938—941 = 942—945

ADNOTATIO CRITICA.

v. 946 δράσει Brunckius. — v. 950 μενεῖν Dindorfius. — v. 951 'μεμνήμεθα Brunckius.

SCRIPTURAE DISCREPANTIA.

v. 941 ἀνασχετὸν] ἀνασχετον corr. ex ἀνάσχετον R | τοῦτό γ' ἐλευθέρῳ] τοῦτό γ' ἐλευθέρῳ R τούτω γ' ἐλευθέρῳ B τοῦτο γ' ἐλευθέρῳ ΓΝ ‖ v. 942 ΓΡ. Α.] ἡ γραῦς R omm. BΓΝ | ἄρα] ἄρα R ‖ v. 943 τἀπὶ] ταπι R τὰ 'πὶ Γ τἀπι Ν | ἐστίν] εστιν R ἐστὶν BN ‖ v. 944 ποιεῖν] ποεῖν RΓ ‖ v. 945 ἔστι] ἐστὶν RN ἔστι Β | εἰ] εἴπερ Β | inter εἰ et δημοκρατούμεθα in spatio erat :, sed punctum superius deletum est in R | ἔστι δίκαιον εἰ δημο verba antecedenti, κρατούμεθα insequenti versui adiecta sunt in Γ ‖ v. 946 εἶμι] εἰ μὴ Γ | δράσει] δράσεις RN δράσοι BΓ (in ras., sed a prima manu est o in Β) ‖ v. 947 ΝΕΑΝΙΑΣ.] ἄλλος ἀνὴρ R ἀνὴρ Γ omm. BN | θεοί] θεοὶ corr., ut videtur, ex θεοῖ in R | θεοὶ est etiam in BΓΝ) ‖ v. 948 ἣν] corr. ex ἥν R | πεπωκὼς] πεπτωκὼς Γ | πάλαι ποθῶν] ποθῶν πάλιν ΒΓ ‖ v. 949 ΝΕΑΝΙΣ.] ὁ νέος R νέος Γ omm. BN | γρᾴδιον] γραίδιον RBN ‖ v. 950 μενεῖν] μένειν RΒΓΝ ‖ v. 951 versui praefixum est
ἡ νέα R νέ$\overset{α}{\varepsilon}$ Γ | 'μεμνήμεθα] μεμνήμεθα RBΓΝ ‖ in vv. 952—976 verba ita disposita sunt, ut singuli versus finiantur vocabulis: δή, | μοι | μοι | ἔσει | δονεῖ | βοστρύχων | πόθος | ἔχει | Ἔρως | εὐνήν | ἱκέσθαι | μοι | ἄνοιξον | κείσομαι | σῷ | κόλπῳ | πυγῆς | ταύτῃ | Ἔρως | εὐνὴν | ἱκέσθαι | μετρίως | ἀνάγκην | μοι | ἱκετεύω | διά | ἔχω | μέλημα | Μούσης | πρόσωπον | με | ἔχω R — δεῦρό μοι | εὐφρόνην | δονεῖ | μοί | ἔχει | εὐνὴν | σύ μοι | κείσομαι | πυγῆς | ταύτῃ | εὐνὴν | μετρίως | μοι | σὲ † μέλημα Β Κύ (in Κύπριδος) Γ | θρέμμα Β θρέμ (in θρέμμα) Γ | με | ἔχω ΒΓ — δή, | μοι |

φίλον ἐμόν, δεῦρό μοι
πρόσελθε καὶ ξύνευνος
τὴν εὐφρόνην ὅπως ἔσει.
πάνυ γάρ τις ἔρως με δονεῖ
τῶνδε τῶν σῶν βοστρύχων.   955
ἄτοπος δ' ἔγκειταί μοί τις
πόθος, ὅς με διακναίσας ἔχει.
μέθες, ἱκνοῦμαί σ', Ἔρως,
καὶ ποίησον τόνδ' ἐς εὐνὴν
τὴν ἐμὴν ἱκέσθαι.
ΝΕΑΝΙΑΣ. δεῦρο δὴ δεῦρο δή,   960
καὶ σύ μοι καταδραμοῦ-
σα τὴν θύραν ἄνοιξον
τήνδ'· εἰ δὲ μή, καταπεσὼν κείσομαι.
φίλον γὰρ ἐν τῷ σῷ
μούστὶν κόλπῳ πληκτίζεσθαι
μετὰ τῆς σῆς πυγῆς.
Κύπρι, τί μ' ἐκμαίνεις ἐπὶ ταύτῃ;   965
μέθες, ἱκνοῦμαί σ', Ἔρως,

ADNOTATIO CRITICA.

v. 953 μοι delevit Bothius. — v. 963 γὰρ (pro ἀλλ') et μούστὶν (pro βούλομαι) e coniectura scripsi.

SCRIPTURAE DISCREPANTIA.

μοι | δονεῖ | βοστρύχων | πόθος | ἔχει | εὐνὴν | μοι | ἄνοιξον | κείσομαι | κόλπῳ | πυγῆς | ταύτῃ | εὐνὴν | μετρίως | μοι | ἱκετεύω ἔχω | μέλημα | πρόσωπον | ἔχω Ν — v. 952 ἐμόν] ἐμοὶ ΒΓ | δεῦρό μοι] δεῦρο μοι Β || v. 953 πρόσελθε] προσέλθε Ν | ξύνευνος] ξύνευνός μοι ΒΓ'Ν || v. 954 ἔσει] ἔσῃ Β ἔσῃ Γ || v. 955 τῶνδε] τῶν δὲ Γ |
v. 956 ἔγκειταί μοί τις] ἔγκειταί μοι τίς Β ἔγκειταί μοι τίς ΒΓ'Ν |
v. 957 ἱκνοῦμαί σ'] ἱκνούμαί σ' Β ἱκνοῦμαι σ' ΒΓ'Ν || v. 958 ποίησον] πόησον ΒΓ'Ν | τόνδ' ἐς εὐνὴν] τόνδ' εἰς εὐνήν Β τόν δέ σ' εὐνὴν: Γ || v. 960 ΝΕΑΝΙΑΣ.] ὁ νεος R omn. Β ||.v. 961 καὶ σύ] καί συ Ν | καταδραμοῦσα] corr. ex καταδραμοῦσα R om. Β || v. 962 τήνδ'] τήνδ' R τὴν δ' Ν | καταπεσὼν] corr. ex καταπεσών R || v. 963 φίλον] φίλον; Ν | γὰρ] ἀλλ' ΒΓ'Ν.| τῷ σῷ] τῷ σω Β τῷ σῷ Γ' τῷ σῷ Ν | μούστὶν] βούλομαι ΒΓ'Ν | κόλπῳ | κόλπῳ ΒΓ'Ν || v. 965 τί] τὶ Β | ἐπὶ ταύτῃ] ἐπι ταύτῃ R ἐπὶ ταύτῃ ΒΓ'Ν || v. 966 ἱκνοῦμαί σ'] ἱκνουμαί σ' corr. ex ἱκνουσμαί σ' R ἱκνοῦμαι σ' est in ΒΝ

καὶ ποίησον τήνδ' ἐς εὐνὴν
τὴν ἐμὴν ἱκέσθαι.
ΝΕΑΝΙΣ. καὶ ταῦτα μέντοι μετρίως πρὸς τὴν ἐμὴν
ἀνάγκην
εἰρημέν' ἐστίν. σὺ δέ μοι, φίλτατον, ὦ ἱκετεύω, 970
ἄνελθε κἀσπάζου με·
διά τοι σὲ πόνους ἔχω.
ΝΕΑΝΙΑΣ. ὦ χρυσοδαίδαλτον ἐμὸν μέλημα, Κύπριδος
ἔρνος,
μέλιττα Μούσης, Χαρίτων θρέμμα, Τρυφῆς σὺ πρόσ-
ωπον,
ἄνοιξον, ἀσπάζου με·
διά τοι σὲ πόνους ἔχω.       975
ΓΡ. Α. οὗτος, τί κόπτεις; μῶν ἐμὲ ζητεῖς; ΝΕΑΝΙΑΣ.
πόθεν;
ΓΡ. Α. καὶ τὴν θύραν γ' ἤραττες. ΝΕΑΝΙΑΣ. ἀποθά-
νοιμ' ἄρα.
ΓΡ. Α. τοῦ δαὶ δεόμενος δᾳδ' ἔχων ἐλήλυθας;
969 - 972 = 973—976

ADNOTATIO CRITICA.

v. 969 ΝΕΑΝΙΣ praef. Hermannus. — v. 971 ἄνελθε κἀσπάζου mea coniectura est, possis conicere etiam ἀνελθὼν ἀσπάζου. — v. 973 ante πρόσωπον inserui σύ.

SCRIPTURAE DISCREPANTIA.

v. 967 τήνδ'] τῆνδ' R τήνδε Γ τὴν N | εὐνὴν] εὐνὴν corr. ex εὐνῆν R ‖ v. 969 ΝΕΑΝΙΣ.] omm. RBΓN | μέντοι] μέν μοι BΓN ‖ v. 970 ἐστίν] ἐστὶν R ἐστὶ B ἐστὶν ΓN | σὺ δέ μοι] σὺ δέ μοι Γ ‖ v. 971 ἄνελθε κἀσπάζου] ἄνοιξον ἀσπάζου RBΓN | με | τε RΓN με in ras., sed a prima manu B | διά τοι] δία τοι N | σὲ] σε ΓN ‖ v. 972 ΝΕΑΝΙΑΣ.] omm. RBΓN | χρυσοδαίδαλτον] corr. ex χρυσοδαίδαλ'τον R χρυσοδαίδαλον est in B ‖ v. 973 θρέμμα] θρύμμα R | Τρυφῆς σὺ] τρυφῆς R τρυφῆς BΓN ‖ v. 975 σὲ] σε ΓN ‖ v. 976 ΓΡ. Α.] — R ἡ γραῦς ἐξελθοῦσα adscr. R² γραῦς est in Γ omm. BN | ΝΕΑΝΙΑΣ.] — R νέος Γ omm. BN | πόθεν;] πόθος· BΓ ‖ v. 977 ΓΡ. Α.] omm. RBΓN | inter ϱ et α in θύραν] ras. tres vel quattuor litterae deletae sunt in R | γ' ἤρατ- τες] γ' ἤρατες N | ΝΕΑΝΙΑΣ.] : R omm. BΓN ‖ v. 978 ΓΡ. Α.] — R omm. BΓN | τοῦ] ποῦ ΓN | δαὶ] δὲ BΓ δαὶ corr. ex δὲ N | δᾳδ'] δᾷδ' B | ἔ in ἔχων] in ras. est, sed a prima manu in B

## 82 ΕΚΚΛΗΣΙΑΖΟΤΣΑΙ.

*ΝΕΑΝΙΑΣ.* Ἀναφλύστιον ζητῶν τιν' ἄνθρωπον. ΓΡ. Α.
τίνα;
*ΝΕΑΝΙΑΣ.* οὐ τὸν Σεβῖνον, ὅν σύ προσδοκᾶς ἴσως.   980
*ΓΡ. Α.* νὴ τὴν Ἀφροδίτην, ἥν τε βούλῃ γ' ἥν τε μή.
*ΝΕΑΝΙΑΣ.* ἀλλ' οὐχὶ νυνὶ τὰς ὑπερεξηκοντέτεις
εἰσάγομεν, ἀλλ' εἰσαῦθις ἀναβεβλήμεθα.
τὰς ἐντὸς εἴκοσιν γὰρ ἐκδικάζομεν.
*ΓΡ. Α.* ἐπὶ τῆς προτέρας ἀρχῆς γε ταῦτ' ἦν, ὦ γλύκων·  985
νυνὶ δὲ πρῶτον εἰσάγειν ἡμᾶς δοκεῖ.
*ΝΕΑΝΙΑΣ.* τῷ βουλομένῳ γε, κατὰ τὸν ἐν πεττοῖς νόμον.
*ΓΡ. Α.* ἀλλ' οὐδ' ἐδείπνεις κατὰ τὸν ἐν πεττοῖς νόμον.
*ΝΕΑΝΙΑΣ.* οὐκ οἶδ' ὅ τι λέγεις· τηνδεδί μοι κρουστέον.
*ΓΡ. Α.* ὅταν γε κρούσῃς τὴν ἐμὴν πρῶτον θύραν.   990
*ΝΕΑΝΙΑΣ.* ἀλλ' οὐχὶ νυνὶ κρησέραν αἰτούμεθα.
*ΓΡ. Α.* οἶδ' ὅτι φιλοῦμαι· νῦν δὲ θαυμάζεις ὅτι

ADNOTATIO CRITICA.

v. 980 *Σεβῖνον* Bentleius. — v. 988 *οὐδ' ἐδείπνεις* Bentleius.

SCRIPTURAE DISCREPANTIA.

v. 979 *ΝΕΑΝΙΑΣ.*] omm. RBΓN | inter ἀναφλύστιον et ζητῶν rasura deleta est una littera in R | τιν'] τίν' RBΓ | ΓΡ. Α.] : R omm. BΓN ‖ v. 980 *ΝΕΑΝΙΑΣ.*] omm. RBΓN | οὐ τὸν Σεβῖνον] οὐ τὸν σὲ βινοῦνθ' R αὐτόν σε κινοῦνθ' BΓ αὐτὸν σε βινουῶνθ' N | προσδοκᾷς] προσδοκᾶς B προσδοκᾶς corr. ex πρὸσδοκᾶς N ‖ v. 981 ΓΡ. Α.] omm. RBΓN | βούλῃ γ'] βούλει γ' R βούλη γ' BΓN ‖ v. 982 *ΝΕΑΝΙΑΣ.*] omm. RBΓN | νυνὶ] νῦν B | ὑπερεξηκοντέτεις] ὑπερεξηκοντούτεις B ὑπερ ἑξηκοντέτεις N ‖ v. 983 εἰσαῦθις] εἰς αὖθις RΓ ‖ v. 984 εἴκοσιν] corr. ex εικοσιν R² εἴκοσι est in B ‖ v. 985 ΓΡ. Α.] omm. RBΓN | προτέρας] πρότερον B | γε] omm. BΓN ‖ v. 987 *ΝΕΑΝΙΑΣ.*] omm. RBΓN | τῷ βουλομένῳ] τῷ βουλομένω BΓN | κατὰ τὸν] κατα τὸν R | πεττοῖς] παιτοῖς RN πετοῖς Γ | v. 988 hic versus omissus est in BΓ | ΓΡ. Α.] — R om. N | οὐδ' ἐδείπνεις] οὐδὲ δειπνεῖς RN | πεττοῖς] παιτοῖς RN ‖ v. 989 *ΝΕΑΝΙΑΣ.*] — R omm. BΓN | τηνδεδί] corr. ex τήνδεδί vel τῆνδεδί in R τήνδε δέ est in B τηνδεδί Γ τηνδεδὶ N ‖ v. 990 ΓΡ. Α.] omm. RBΓN | ὅταν] ὅτ' ἂν RN ὅτάν Γ | κρούσῃς] κρούσης BΓN ‖ v. 991 *ΝΕΑΝΙΑΣ.*] — R omm. BΓN | νυνὶ] νῦν BΓ | κρησέραν] κρησεράν BΓ ‖ v. 992 ΓΡ. Α.] omm. RBΓN | posterius ὅτι] insequenti versui adiectum est in R

ΕΚΚΛΗΣΙΑΖΟΤΣΑΙ. 83

θύρασί μ' ηύρες· ἀλλὰ πρόσαγε τὸ στόμα.
ΝΕΑΝΙΑΣ. ἀλλ', ὦ μέλ', ὀρρωδῶ τὸν ἐραστήν σου. ΓΡ. Α.
τίνα;
ΝΕΑΝΙΑΣ. τὸν τῶν γραφέων ἄριστον. ΓΡ. Α. οὗτος δ'
ἔστι τίς; 995
ΝΕΑΝΙΑΣ. ὃς τοῖς νεκροῖσι ζωγραφεῖ τὰς ληκύθους.
ἀλλ' ἄπιθ', ὅπως μή σ' ἐπὶ θύραισιν ὄψεται.
ΓΡ. Α. οἶδ' οἶδ' ὃ τι βούλει. ΝΕΑΝΙΑΣ. καὶ γὰρ ἐγὼ σὲ
νὴ Δία.
ΓΡ. Α. μὰ τὴν Ἀφροδίτην, ἥ μ' ἔλαχε κληρουμένη,
μὴ 'γώ σ' ἀφήσω. ΝΕΑΝΙΑΣ. παραφρονεῖς, ὦ
γρᾴδιον. 1000
ΓΡ. Α. ληρεῖς· ἐγὼ δ' ἄξω σ' ἐπὶ τἀμὰ στρώματα.
ΝΕΑΝΙΑΣ. τί δῆτα κρεάγρας τοῖς κάδοις ὠνούμεθα,
ἐξὸν καθέντα γρᾴδιον τοιουτονὶ
ἐκ τῶν φρεάτων τοὺς κάδους ξυλλαμβάνειν;
ΓΡ. Α. μὴ σκῶπτέ μ', ὦ τάλαν, ἀλλ' ἕπου δεῦρ' ὡς ἐμέ. 1005
ΝΕΑΝΙΑΣ. ἀλλ' οὐκ ἀνάγκη μούστίν, εἰ μὴ τῶν ἐτῶν

ADNOTATIO CRITICA.

v. 998 ἐγὼ σὲ Blaydesius. — v. 1002 ωνούμεθα Cobetus. — v. 1006 ἐτῶν Tyrwhittus.

SCRIPTURAE DISCREPANTIA.

v. 993 θύρασί μ'] θύρησί μ B θύρασι μ' N | ηὗρες] εὗρες R εὗρες ΒΓΝ | πρόσαγε] πρός γε ΒΓΝ ‖ v. 994 ΝΕΑΝΙΑΣ.] νέος R1' omm. BN | μέλ'] μέλε' N | ἐραστήν σου] ἐραστὴν σου N | ΓΡ. Α.] : R omm. ΒΓΝ ‖ v. 995 ΝΕΑΝΙΑΣ.] — R omm. ΒΓΝ | ΓΡ. Α.] : R omm. ΒΓΝ | ἔστι] ἐστὶ R ‖ v. 996 ΝΕΑΝΙΑΣ.] — R omm. ΒΓΝ ‖ v. 997 ἐπὶ θύραισιν] ἐπι θύραισιν R ‖ v. 998 ΓΡ. Α.] omm. RBΓΝ | ΝΕΑΝΙΑΣ.] : R omm. ΒΓΝ | σὲ] σε RBΓΝ ‖ v. 999 ΓΡ. Α.] omm. RBΓΝ | ἥ μ'] ἤ μ' B ‖ v. 1000 μὴ 'γώ σ'] μη 'γώσ R μὴ 'γώ σ' N | ΝΕΑΝΙΑΣ.] : R omm. ΒΓΝ | γρᾴδιον] γραΐδιον B γράδιον N ‖ v. 1001 ΓΡ. Α.] — R omm. ΒΓΝ | ἄξω] ἄξῶ R | ἐπὶ τἀμὰ] ἐπι ταμὰ R ‖ v. 1002 ΝΕΑΝΙΑΣ.] — R omm. ΒΓΝ | ὠνούμεθα] ὠνοίμεθ' ἄν R ὠνοίμεθ' ἂν B ὠνοίμεθα ἄν Γ ὠνήμεθ' ἂν N ‖ v. 1003 γρᾴδιον] corr. ex γραδίον R γραΐδιον ΒΝ | τοιουτονὶ] τοιουτονί· R1' ‖ v. 1004 ξυλλαμβάνειν;] συλλαμβάνειν· Β1' ξυλαμβάνειν: N (ξυλλαμβάνειν R) ‖ v. 1005 ΓΡ. Α.] — R omm. ΒΓΝ | σκῶπτέ μ'] σκώπτε μ' R1' σκώπτε μ' ΒΝ | ἕπου] ἑπου R ‖ v. 1006 ΝΕΑΝΙΑΣ.] — (sic) R omm. ΒΓΝ | οὐκ] οὐδ' R | μούστίν] μ' ούστιν R μούστὶν B μούστὶν N | εἰ] η R | ἐτῶν] ἐμῶν RBΓΝ

84 ΕΚΚΛΗΣΙΑΖΟΤΣΑΙ.

τὴν πεντακοσιοστὴν κατέθηκας τῇ πόλει.
ΓΡ. Α. νὴ τὴν Ἀφροδίτην, δεῖ γε μέντοι σ'. ὡς ἐγὼ
τοῖς τηλικούτοις ξυγκαθεύδουσ' ἥδομαι.
ΝΕΑΝΙΑΣ. ἐγὼ δὲ ταῖς γε τηλικαύταις ἄχθομαι, 1010
κοὐκ ἂν πιθοίμην οὐδέποτέ γε. ΓΡ. Α. νὴ Δία
ἀναγκάσει τουτί σε. ΝΕΑΝΙΑΣ. τοῦτο· δ' ἔστι τί;
ΓΡ. Α. ψήφισμα, καθ' ὃ σε δεῖ βαδίζειν ὡς ἐμέ.
ΝΕΑΝΙΑΣ. λέγ' αὐτὸ τί ποτε κᾆστι. ΓΡ. Α. καὶ δή σοι
λέγω.
ἔδοξε ταῖς γυναιξίν, ἢν ἀνὴρ νέος 1015
νέας ἐπιθυμῇ, μὴ σποδεῖν αὐτὴν πρὶν ἂν
τὴν γραῦν προκρούσῃ πρῶτον· ἢν δὲ μὴ θέλῃ
ταύτην προκρούειν, ἀλλ' ἐπιθυμῇ τῆς νέας,
ταῖς πρεσβυτέραις γυναιξὶν ἔστω τὸν νέον
ἕλκειν ἀνατὶ λαβομέναις τοῦ παττάλου. 1020
ΝΕΑΝΙΑΣ. οἴμοι· Προκρούστης τήμερον γενήσομαι.
ΓΡ. Α. τοῖς γὰρ νόμοις τοῖς ἡμετέροισι πειστέον.

ADNOTATIO CRITICA.

v. 1008 σ' adiecit Reisigius. — v. 1011 οὐδέποτέ γε. ΓΡ. Α. νὴ Δία Elmsleius. — v. 1018 ταύτην (pro πρότερον) scripsi; πρότερον interpretamentum ad προκρούειν esse videtur: πρότερον κρούειν.

SCRIPTURAE DISCREPANTIA.

v. 1007 τῇ] τῇ ΒΓΝ ‖ v. 1008 ΓΡ. Α.] — R omm. ΒΓΝ, γε] om. Ν | σ'] omm. RΒΓΝ ‖ v. 1010 ΝΕΑΝΙΑΣ.] omm. RΒΓΝ | δὲ] δέ corr. ex δέ γ' R | ἄχθομαι] ἥδομαι ΒΓ' ‖ v. 1011 κοὐκ] κ'οὐκ' R | prius ι in πιθοίμην] in ras. est, sed a prima manu in Β πυθοίμην est in Γ | οὐδέποτέ γε| οὐδέπωτ' RΒΝ οὐδέποτε Γ | ΓΡ. Α.] omm. RΒΓΝ | νὴ] ἀλλὰ νὴ RΒΓΝ ‖ v. 1012 ΝΕΑΝΙΑΣ.]: R omm. ΒΓΝ | ἔστι] ἐστὶ R ‖ v. 1013 ΓΡ. Α.] omm. RΒΓΝ | καθ' ὃ] καθὸ R καθό ΓΝ | δεῖ] om. Γ ‖ v. 1014 ΝΕΑΝΙΑΣ.| omm. RΒΓΝ | κᾆστι] κᾆστιν R κᾆστι ΓΝ | ΓΡ. Α.|: R omm. ΒΓΝ | δή σοι] δή σοι Ν ‖ v. 1015 ἢν] ἢν R ‖ v. 1016 ἐπιθυμῇ] ἐπιθυμῇ ΒΓ' ἐπιθυμεῖν Ν ‖ v. 1017 προκρούσῃ] προκρούσῃ ΒΓΝ | ἢν] ἢν R | θέλῃ] θέλη ΡΒ θελήσῃ ΓΝ ‖ v. 1018 ταύτην] πρότερον RΒΓΝ | προκρούειν] προσκρούειν R | ἐπιθυμῇ τῆς νέας] ἐπιθυμῇ τῆς νέας ΒΝ ἐπιθυμητὴς νέας Γ ‖ v. 1019 ἔστω] ἔστω R ‖ v. 1021 ΝΕΑΝΙΑΣ.] omm. RΒΓΝ | Προκρούστης] προσκρούστης R | τήμερον] σήμερον ΒΓ' ‖ v. 1022 ΓΡ. Α.] omm. RΒΓΝ | ἡμετέροισι] ἡμετέροις Ν πειστέον] πιστέον R

ΕΚΚΛΗΣΙΑΖΟΥΣΑΙ. 85

ΝΕΑΝΙΑΣ. τί δ', ἢν ἀφαιρῆταί μ' ἀνὴρ τῶν δημοτῶν
ἢ τῶν φίλων ἐλθών τις; ΓΡ. Α. ἀλλ' οὐ κύριος
ὑπὲρ μέδιμνόν ἐστ' ἀνὴρ οὐδεὶς ἔτι. 1025
ΝΕΑΝΙΑΣ. ἐξωμοσία δ' οὐκ ἔστιν; ΓΡ. Α. οὐ γὰρ δεῖ
στροφῆς.
ΝΕΑΝΙΑΣ. ἀλλ' ἔμπορος εἶναι σκήψομαι. ΓΡ. Α. κλάων
γε σύ.
ΝΕΑΝΙΑΣ. τί δῆτα χρὴ δρᾶν; ΓΡ. Α. δεῦρ' ἀκολουθεῖν
ὡς ἐμέ.
ΝΕΑΝΙΑΣ. καὶ ταῦτ' ἀνάγκῃ μοῦστί; ΓΡ. Α. Διομήδειά γε.
ΝΕΑΝΙΑΣ. ὑποστόρεσαί νυν πρῶτα τῆς ὀριγάνου, 1030
καὶ κλήμαθ' ὑπόθου συγκλάσασα τέτταρα,
καὶ ταινίωσαι, καὶ παράθου τὰς ληκύθους,
ὕδατός τε κατάθου τοὔστρακον πρὸ τῆς θύρας.
ΓΡ. Α. ἦ μὴν ἔτ' ὠνήσει σὺ καὶ στεφάνην ἐμοί.

ADNOTATIO CRITICA.

v. 1027 fortasse scribendum est: ΝΕΑΝΙΑΣ. ἔμπορος ἐγὼ εἶναι
σκήψομαι. (ad ἐγὼ εἶναι cfr. Vesp. v. 1224).

SCRIPTURAE DISCREPANTIA.

v. 1023 ΝΕΑΝΙΑΣ.] omm. RBΓΝ | ἢν ἀφαιρῆταί μ'
ἀνήρ] ἢν ἀφαίρηταί μ' ἀνὴρ R ἢν ἀνὴρ ἀφέλῃ με, ἢ B ἢν ἀνὴρ
ἀφαίρηταί με Γ ἢν ἀνὴρ ἀφέρηται μ' Ν ‖ v. 1024 ἐλθών τις] ι
in ἐλθών τις corr. ex ε vel ει in R ἐλθόντες est'in Ν | ΓΡ. Α.]
omm. RBΓΝ ‖ v. 1025 ὑπὲρ μέδιμνόν ἐστ'] ὑπὲρ μέδιμνόν ἐστ
R ὑπὲρ μέδιμνον ἔστ' ΒΓΝ | οὐδεὶς] οὐδεὶς R ‖ v. 1026 ΝΕΑΝΙΑΣ.]
omm. RBΓΝ | ἐξωμοσία] ἐξωμοσία Γ | ἔστιν] corr. ex ἐστιν R² |
ΓΡ. Α.] : R omm. ΒΓΝ | στροφῆς] στροφῶν Β στροφῇ Γ ‖ v.
1027 ΝΕΑΝΙΑΣ.] — R omm. ΒΓΝ | ΓΡ. Α.] : R omm. ΒΓΝ |
κλάων γε σύ] κλαύσεις γε σὺ Β κλάγε σύ Γ κλάε σύ Ν ‖ v. 1028
ΝΕΑΝΙΑΣ.] — R omm. ΒΓΝ | τί] τι R | ΓΡ. Α.] : R omm.
ΒΓΝ | ὡς ἐμέ] ὣσ ἐμέ R ‖ v. 1029 ΝΕΑΝΙΑΣ.] — R omm.
ΒΓΝ | μοῦστί] μοῦστιν RΓ μοῦστι Ν (μοῦστὶ Β) | ΓΡ. Α.] : R
omm. ΒΓΝ | Διομήδειά γε] διομήδεια γε Γ διομήδειά τε Ν ‖ v.
1030 ΝΕΑΝΙΑΣ.] omm. RBΓΝ | ὑποστόρεσαί νυν] ὑποστόρεσαι
νῦν RB ὑποστορέσαι νῦν Γ ὑποστόρισαι νῦν Ν | πρῶτα] corr. ex
πρῶτον R ‖ v. 1031] κλήμαθ'] κλῆμαθ' R | συγκλάσασα] corr. ex
συγκλάσα R² συνκλάσασα est in Ν ‖ v. 1033 τοὔστρακον] τ'
οὔστρακον R | πρὸ τῆς] προ τῆς R πρὸς τῆς Γ ‖ v. 1034 ΓΡ. Α.]
omm. RBΓΝ | ἦ] ἢ RΓ | ὠνήσει] ὠνήσει corr. ex ὠνησει R² |
στεφάνην] στεφώνην Ν

*ΝΕΑΝΙΑΣ.* νὴ τὸν Δί', ἤνπερ ᾖ γέ που τῶν κηρίνων.
οἴμαι γὰρ ἔνδον διαπεσεῖσθαί σ' αὐτίκα. 1036
*ΝΕΑΝΙΣ.* ποῖ τοῦτον ἕλκεις; *ΓΡ. A.* εἰς ἐμαυτῆς εἰσάγω.
*ΝΕΑΝΙΣ.* οὐ σωφρονοῦσά γ'. οὐ γὰρ ἡλικίαν ἔχει
παρὰ σοὶ καθεύδειν τηλικοῦτος ὤν, ἐπεὶ
μήτηρ ἂν αὐτῷ μᾶλλον εἴης ἢ γυνή. 1040
ὥστ' εἰ καταστήσεσθε τοῦτον τὸν νόμον,
τὴν γῆν ἅπασαν Οἰδιπόδων ἐμπλήσετε.
*ΓΡ. A.* ὦ παμβδελυρά, φθονοῦσα τόνδε τὸν λόγον
ἐξηῦρες· ἀλλ' ἐγώ σε τιμωρήσομαι.
*ΝΕΑΝΙΑΣ.* νὴ τὸν Δία τὸν σωτῆρα, κεχάρισαί γέ μοι,
ὦ γλυκύτατον, τὴν γραῦν ἀπαλλάξασά μου· 1046
ὥστ' ἀντὶ τούτων τῶν ἀγαθῶν εἰς ἑσπέραν
μεγάλην ἀπυδώσω καὶ παχεῖάν σοι χάριν.
*ΓΡ. B.* αὕτη σύ, ποῖ τονδὶ παραβᾶσα τὸν νόμον

ADNOTATIO CRITICA.

v. 1037 εἰς ἐμαυτῆς εἰσάγω Meinekius. — v. 1043 λόγον Faber. — v. 1049 τονδὶ παραβᾶσα Bothius.

SCRIPTURAE DISCREPANTIA.

v. 1035 *ΝΕΑΝΙΑΣ.*] — *R* omm. *BΓN* | ἤνπερ ᾖ γέ που] ἤνπερ ᾖ γέ που *R* ἤν περιῇς γέ που *B* ἦν περὶ γέ που *I'* ἢ περί γε πού *N* | τῶν κηρίνων] τῶν κηρίων *BΓN* ǁ v. 1036 διαπεσεῖσθαί σ' αὐτίκα] διαπεσεῖσθαι σ' αὐτίκα *BN* διαπεσεῖσθαι σαυτίκα *Γ'*ǁ v. 1037 *ΝΕΑΝΙΣ.*] νέα *R* omm. *BΓN* | *ΓΡ. A.*] — *R* omm. *BΓN* | εἰς] τὸν *RBΓN* | ἐμαυτῆς] corr. ex ἐμαυτῆς (sic etiam *Γ*) *R²* | εἰσάγω] εἰσάγων *Γ* ǁ v. 1038 *ΝΕΑΝΙΣ.*] omm. *RBΓN* | σωφρονοῦσά γ'] σωφρονοῦσα γ' *BN* | ει in ἔχει] in ras. est, sed a prima manu in *B* ǁ v. 1039 παρὰ σοί] παρα σοί *R* ǁ v. 1040 ἄν] om. *R* | αὐτῷ] αὐτοῦ *B* αὐτῶ *RΓN* ǁ v. 1041 εἰ] in ras. est, sed a prima manu in *B* ǁ v. 1042 γῆν] corr. ex γῆν *R²* | vv. 1042 et 1043 unum versum efficiunt, item vv. 1044 et 1045 in *Γ* ǁ v. 1043 *ΓΡ. A.*] omm. *RBΓN* | παμβδέλυρά] δέ in παμβδέλυρα in ras. est, sed a prima manu in *B* παμβδέλυρα est etiam in *ΓN* | λόγον] νόμον *RBΓN* ǁ v. 1044 ἐξηῦρες] ἐξεῦρες *RΓN* ἐξεῦρεν *B* | ἐγώ σε] ἐγὼ σε *N* ǁ v. 1045 *ΝΕΑΝΙΑΣ.*] ὁ νέος *R* νέυς *Γ'* omm. *BN* | κεχάρισαί γέ μοι] κεχάρισαι γέ μοι *RBN* κεχάρισαι γὲ μοι *Γ'* ǁ v. 1046 τὴν] corr. ex την *R²* ǁ v. 1047 ἀντί] ἀντι *R* ἄν *Γ* | εἰς ἑσπέραν] ἐσεσπέραν corr. ex ἐσπέραν *R* ἐς ἑσπέραν est in *N* ǁ v. 1048 παχεῖάν σοι] ταχεῖαν σοι *BΓ* παχεῖαν σοι *N* ǁ v. 1049 *ΓΡ. B.*] — *R* ἑτέρα γραῦς adscr. *R²* ἑτέρα γραῦς est etiam in *Γ'* omm. *BN* | αὕτη σύ] αὕτη· σύ *R* αὐτὴ σὺ *BΓ* | τονδὶ παραβᾶσα] παραβᾶσα (παραβᾶσα *N*) τόνδε *RBΓN*

ΕΚΚΛΗΣΙΑΖΟΤΣΑΙ. 87

ἕλκεις, παρ' ἐμοὶ τῶν γραμμάτων εἰρηκότων 1050
πρότερον καθεύδειν αὐτόν; ΝΕΑΝΙΑΣ. οἴμοι δεί-
λαιος.
πόθεν ἐξέκυψας, ὦ κάκιστ' ἀπολουμένη;
τοῦτο γὰρ ἐκείνου τὸ κακὸν ἐξωλέστερον.
ΓΡ. Β. βάδιζε δεῦρο. ΝΕΑΝΙΑΣ. μηδαμῶς με περιίδῃς
ἑλκόμενον ὑπὸ τῆσδ', ἀντιβολῶ σ'. ΓΡ. Β. ἀλλ'
οὐκ ἐγώ, 1055
ἀλλ' ὁ νόμος ἕλκει σ'. ΝΕΑΝΙΑΣ. οὐκ ἐμέ γ', ἀλλ'
ἔμπουσά τις
ἐξ αἵματος φλύκταιναν ἠμφιεσμένη.
ΓΡ. Β. ἕπου, μαλακίων, δεῦρ' ἀνύσας καὶ μὴ λάλει.
ΝΕΑΝΙΑΣ. ἴθι νυν ἔασον εἰς ἄφοδον πρώτιστά με
ἐλθόντα θαρρῆσαι πρὸς ἐμαυτόν· εἰ δὲ μή, 1060
αὐτοῦ τι δρῶντα πυρρὸν ὄψει μ' αὐτίκα
ὑπὸ τοῦ δέους. ΓΡ. Β. θάρρει, βάδιζ'· ἔνδον
χεσεῖ.
ΝΕΑΝΙΑΣ. δέδοικα κἀγὼ μὴ πλέον γ' ἢ βούλομαι.
ἀλλ' ἐγγυητάς σοι καταστήσω δύο

SCRIPTURAE DISCREPANTIA.

v. 1051 ΝΕΑΝΙΑΣ.] $\overline{\phantom{x}}$ R νέος Γ' omm. BN ‖ v. 1054 ΓΡ. B.] — R γραῦς Γ' omm. BN | δεῦρο] corr. ex δεύρο R¹ | ΝΕΑΝΙΑΣ.]: R ὁ νεώτερος adscr. in margine R² νέος est in Γ' omm. BN | μηδαμῶς] μηδαμῶς R | περιίδῃς] περὶ ἴδῃς R περιίδης BΓN ‖ v. 1055 ὑπὸ τῆσδ'] ὑπο τῆσδ' R ὑπὸ τῆς BΓN | σ'] σε Γ | ΓΡ. B.] : R omm. BΓN | ἐγώ] corr. ex ἐγὼ R (ἐγὼ est etiam in BN) ‖ v. 1056 versui praefixum est — R | ὁ] corr. ex ο R² | ἕλκει σ'] ἕλκεισ RN ἕλκει σε Γ' | ΝΕΑΝΙΑΣ.] : R omm. BΓN | ἐμέ γ'] εμέ γ' R ἔμ' B ἔμεγ' Γ | ἔμπουσά τις] ἐμπουσά τις R ‖ v. 1057 ἐξ αἵματος] ἐξαίματος R | φλύκταιναν] φίκταιναν Γ | ἠμφιεσμένη] ἠμφιεσμένην N ‖ v. 1058 ΓΡ. B.] omm. RBΓN | μαλακίων] μαλλακίων N ‖ v. 1059 ΝΕΑΝΙΑΣ.] omm. RBΓN | νυν] νὺν RBΓN | εἰς ἄφοδον] εἰσάφοδον R ἐς ἄφοδον BΓN ‖ v. 1060 θαρρῆσαι] corr. ex θερρῆσαι R² | πρὸς ἐμαυτόν] προσεμαυτὸν R | εἰ] : εἰ R ‖ v. 1061 τι] τί RΓN | πυρρὸν] πολλὸν B | υ in αὐτίκα] in ras. est, sed a prima manu in B αὐτίκα — est in R ‖ v. 1062 ΓΡ. B.] : R omm. BΓN | βάδιζ'] βάδιζε Γ | χεσεῖ] χεσῇ B χεσοῖ ΓN ‖ v. 1063 ΝΕΑΝΙΑΣ.] — R omm. BΓN | κἀγὼ] καγω R | πλέον γ' ἢ] πλέον ἢ ΓN ‖ v. 1064 ἐγγυητάς σοι] ἐγγυητάς σοι ΓN | δύο] corr. ex δύω R

ἀξιόχρεως. ΓΡ. Β. μή μοι καθίστη. ΓΡ. Γ. ποῖ
σύ, ποῖ 1065
χωρεῖς μετὰ ταύτης; ΝΕΑΝΙΑΣ. οὐκ ἔγωγ', ἀλλ'
ἕλκομαι.
ἀτὰρ ἥτις εἶ σύ, πόλλ' ἀγαθὰ γένοιτό σοι,
ὅτι μ' οὐ περιεῖδες ἐπιτριβέντ'. ὦ Ἡράκλεις,
ὦ Πᾶνες, ὦ Κορύβαντες, ὦ Διοσκόρω,
τοῦτ' αὖ πολὺ τούτου τὸ κακὸν ἐξωλέστερον. 1070
ἀτὰρ τί τὸ πρᾶγμ' ἔστ', ἀντιβολῶ, τουτί ποτε;
πότερον πίθηκος ἀνάπλεως ψιμυθίου,
ἢ γραῦς ἀνεστηκυῖα παρὰ τῶν πλειόνων;
ΓΡ. Γ. μὴ σκῶπτέ μ', ἀλλὰ δεῦρ' ἔπου. ΓΡ. Β. δευρὶ
μὲν οὖν,
ὡς οὐκ ἀφήσω οὐδέποτέ σ'. ΓΡ. Γ. οὐδὲ μὴν ἐγώ.
ΝΕΑΝΙΑΣ. διασπάσεσθέ μ', ὦ κακῶς ἀπολούμεναι. 1076

ADNOTATIO CRITICA.

v. 1067 σύ Cobetus. — v. 1070 τούτου post τοῦτ' ferri non posse
videtur; coniciam scribendum esse: τοῦτ' αὖ τὸ κακὸν πολλῷ γ' ἔτ'
ἐξωλέστερον. — v. 1075 οὐδέποτέ σ' Dindorfius.

SCRIPTURAE DISCREPANTIA.

v. 1065 ΓΡ. Β.] : R omm. ΒΓΝ | μή μοι] μὴ μοι Β . |
ΓΡ. Γ.] : R ἄλλη γραῦς τρίτη πρὸς τὸν νεώτερον adscr. R² ἄλλη
γραῦς est in Γ omm. ΒΝ | σύ] σὺ RΒΓΝ .|| v. 1066 μετὰ
ταύτης] μετ' αὐτῆς ΒΓΝ | ΝΕΑΝΙΑΣ.|: R νέος Γ omni.
ΒΝ | ἔγωγ'] ἔγωγε Γ | ἀλλ' ἕλκομαι] .αλλ ἕλκομαι corr. ex
ἀλλ' ελκομαι R² || v. 1067 ἀτὰρ] αὐτὰρ Γ | ἥτις εἶ σύ] εἴτις εἶ
γε R ἥτις (in ras. est ἥ, sed a prima manu) εἴ γε Β εἴ τις εἴ
γε Γ εἴ τις εἶ γε Ν | πόλλ' ἀγαθὰ] πολλὰ "γαθὰ (sic) Ν || v.
1068 μ' οὐ] μου Ν | ἐπιτριβέντ'] ἐπιτριβέντι ἄν Β ἐπιτριβέντα
Γ | ὦ Ἡράκλεις] ἡράκλεις Β || v. 1069 Διοσκόρω] διὸς κόρω R
διοσκόρῳ Γ || v. 1070 τοῦτ' αὖ] τοῦτ' αὖ R τοῦτ' ἂν ΒΝ τοῦτο
ἂν Γ || v. 1071 ἀτὰρ] αὐτὰρ Γ | πρᾶγμ'] πρᾶγμα Γ | ἔστ'] in ras.,
sed a prima manu in Β ἐστὶν est in Γ ἔστ' Ν | τουτί ποτε] τουτί.
τί ποτε Β τουτὶ τί ποτε Γ τουτί ποτε Ν || v. 1072 inter ό et τ in
πότερον] θ scribi coeptum del. R | ψιμυθίου] ψιμιθίου Β || v. 1073
ἢ] ἡ Γ || v. 1074 ΓΡ. Γ. | om. R — add. R² omm. ΒΓΝ | σκῶπτέ
μ'] σκῶπτέ μ' R σκῶπτε μ' ΒΝ σκῶπτε μ Γ | ἔπου] ἔπου R |
ΓΡ. Β.] : R omm. ΒΓΝ || v. 1075 οὐδέποτέ σ'| σ' οὐδέποτ' RΒ
σ' οὐδέποτε ΓΝ | ΓΡ. Γ.] : RΓ omm. ΒΝ | οὐδὲ μὴν] οὐδε μὴν
R || v. 1076 ΝΕΑΝΙΑΣ.] — R νέος adscr. R² omm. ΒΓΝ |
διασπάσεσθέ μ'] διασπάσασθέ μ' Γ

ΓΡ. Β. ἐμοὶ γὰρ ἀκολουθεῖν σε δεῖ κατὰ τὸν νόμον.
ΝΕΑΝΙΑΣ. οὔκ, ἦν ἑτέρα γε γραῦς ἔτ' αἰσχίων φανῇ.
ἦν οὖν ὑφ' ὑμῶν πρῶτον ἀπόλωμαι κακῶς,
φέρε, πῶς ἐπ' ἐκείνην τὴν καλὴν ἀφίξομαι; 1080
ΓΡ. Γ. αὐτὸς σκόπει σύ· τάδε δέ σοι ποιητέον.
ΝΕΑΝΙΑΣ. ποτέρας προτέρας οὖν κατελάσας ἀπαλλαγῶ;
ΓΡ. Β. οὐκ οἶσθα; βαδιεῖ δεῦρ'. ΝΕΑΝΙΑΣ. ἀφέτω νύν
μ' αὑτηί.
ΓΡ. Γ. δευρὶ μὲν οὖν ἴθ' ὡς ἔμ'. ΝΕΑΝΙΑΣ. ἤν γ' ἡδί
μ' ἀφῇ.
ΓΡ. Β. ἀλλ' οὐκ ἀφήσω μὰ Δία σ'. ΓΡ. Γ. οὐδὲ μὴν ἐγώ.
ΝΕΑΝΙΑΣ. χαλεπαί γ' ἂν ἴστε γενόμεναι πορθμῆς.
ΓΡ. Β. τιή; 1086
ΝΕΑΝΙΑΣ. ἕλκοντε τοὺς πλωτῆρας ἂν ἀπεκναίετε.

ADNOTATIO CRITICA.

v. 1077 σε δεῖ Cobetus. — v. 1078 ΝΕΑΝΙΑΣ praef. Lentingius.
— v. 1084 ἤν γ' ἡδί μ' ἀφῇ. Brunckius. — v. 1086 ἴστε Herwerdenus.

SCRIPTURAE DISCREPANTIA.

v. 1077 ΓΡ. Β.] — R γραῦς adscr. R² omm. B ΓΝ | σε δεῖ]
σ' ἔδει R B ΓΝ ‖ v. 1078 ΝΕΑΝΙΑΣ.] — R ἡ ἑτέρα adscr. R²
omm. B ΓΝ | οὔκ] οὔ R corr. in οὔκ' R² οὐκ B οὔκουν Γ | ἤν]
ἤν R | ἑτέρα γε] ἑτέρά γε R | φανῇ] φανῇ B ΓΝ ‖ v. 1079 ἤν]
ἤν R | ὑμῶν] ἡμῶν ΓΒ ‖ v. 1081 ΓΡ. Γ.] omm. R B ΓΝ | σύ]
σὺ R B N | δέ] corr. ex δὲ R² ‖ v. 1082 ΝΕΑΝΙΑΣ.] omm.
R B ΓΝ | προτέρας] ποτέρας N | κατελάσας] καλέσας B Γ | ἀπαλ-
λαγῶ] ἀπολλαγῶ N ‖ v. 1083 ΓΡ. Β.] — R omm. B ΓΝ | δεῦρ']
δεῦρο R ΓΝ | ΝΕΑΝΙΑΣ.] : R omm. B ΓΝ | νύν] νῦν R B ΓΝ |
αὑτηί | αὐτηί ΓΝ ‖ v. 1084 ΓΡ. Γ.] — R omm. B ΓΝ | ἔμ'] ἐμέ
R Γ ἐμὲ N | ΝΕΑΝΙΑΣ.] omm. R B ΓΝ | ἤν γ' ἡδί μ' ἀφῇ] ἤν
ἡδί (corr. ex ἡδὶ) γ' ἀφῇ R ἤν μὰ δία μ' ἀφῇ B ἤν νὴ δία γ'
ἀφῇ ΓΝ | vv. 1084 et 1085 unum versum efficiunt, item vv.
1086 et 1087, 1088 et 1089, 1090 et 1091 in Γ ‖ v. 1085
ΓΡ. Β.] — R omm. B ΓΝ | σ'] σε R ΓΝ | ΓΡ. Γ.] : R omm.
B ΓΝ | οὐδὲ μὴν] οὐδεμὴν R ‖ v. 1086 ΝΕΑΝΙΑΣ.] — R omm.
B ΓΝ | χαλεπαί] χαλεπαὶ N | γ' ἂν ἴστε γενόμεναι] γ' ἂν ἦσται
γενόμεναι R γε ἢ στενόμεναι B γ' ἦστε γενόμεναι Γ γ' ἂν ἦστε
γενόμεναι N | πορθμῆς] πορθμεῖς B | ΓΡ. Β. τιή;] omm. B ΓΝ |
ΓΡ. Β.] : R | τιή] τίη corr. ex τίη R ‖ v. 1087 ΝΕΑΝΙΑΣ.]
— R omm. B ΓΝ | ἕλκοντε] corr. ex ἕλκωντε R ἕλκοντες est in
Γ | ἀπεκναίετε] ἐπεκναίετε B

ΓΡ. Β. σιγῇ βάδιζε δεῦρο. ΓΡ. Γ. μὰ Δί᾽ ἀλλ᾽ ὡς ἐμέ.
ΝΕΑΝΙΑΣ. τουτὶ τὸ πρᾶγμα κατὰ τὸ Καννωνοῦ σαφῶς
  ψήφισμα, βινεῖν δεῖ με διαλελημμένον. 1090
  πῶς οὖν δικωπεῖν τῷ πέει δυνήσομαι;
ΓΡ. Β. καλῶς, ἐπειδὰν καταφάγῃς βολβῶν χύτραν.
ΝΕΑΝΙΑΣ. οἴμοι κακοδαίμων, ἐγγὺς ἤδη τῆς θύρας
  ἑλκόμενός εἰμ᾽. ΓΡ. Γ. ἀλλ᾽ οὐδὲν ἔσται σοι πλέον.
  ξυνεισπεσοῦμαι γὰρ μετὰ σοῦ. ΝΕΑΝΙΑΣ. μὴ
  πρὸς θεῶν. 1095
  ἑνὶ γὰρ ξυνέχεσθαι κρεῖττον ἢ δυοῖν κακοῖν.
ΓΡ. Γ. νὴ τὴν Ἑκάτην, ἐάν τε βούλῃ γ᾽ ἤν τε μή.
ΝΕΑΝΙΑΣ. ὦ τρισκακοδαίμων, εἰ γυναῖκα δεῖ σαπρὰν
  βινεῖν ὅλην τὴν νύκτα καὶ τὴν ἡμέραν,
  κᾆπειτ᾽ ἐπειδὰν τῆσδ᾽ ἀπαλλαγῶ, πάλιν 1100

ADNOTATIO CRITICA.

v. 1089 Καννωνοῦ Dindorfius. — v. 1091 δικωπεῖν τῷ πέει pro δικωπεῖν ἀμφοτέρας scripsi; ex glossemate natum est ἀμφοτέρας hoc: ἀμφοτέρας ἅμα βινεῖν cfr. κινήσομαι in B. — v. 1099 μ᾽ eodem modo om. Thesmophor. v. 457.

SCRIPTURAE DISCREPANTIA.

v. 1088 ΓΡ. Β.] omm. R B Γ N | σιγῇ] σιγῆ B Γ N | ΓΡ. Γ.] omm. R B Γ N | ὡς ἐμέ] ὡσεμέ corr. ex ωσ ἐμέ in R ‖ v. 1089 ΝΕΑΝΙΑΣ.] omm. R B Γ N | τουτὶ τὸ πρᾶγμα] τουτὶ τί τὸ πρᾶγμα B | κατὰ τὸ] κατα τὸ R κατὰ τοῦ Γ | Καννωνοῦ] καννώνου R διαγόρου B κανόνου Γ καννόνου N ‖ v. 1091 δικωπεῖν] corr. ex δικωπειν R² δικωτὸν est in B | τῷ πέει | ἀμφοτέρας R Γ ἀμφοτέροις B ἀμφοτέρας corr. ex ἀμφωτέρας N | δυνήσομαι] κινήσομαι B ‖ v. 1092 ΓΡ. Β.] erat — sed deletum est R omm. Β Γ N | ἐπειδὰν| ἐπειδ᾽ ἂν R ἐπεὶ δ᾽ ἂν N | καταφάγῃς] καταφάγης Β Γ N ‖ v. 1093 ΝΕΑΝΙΑΣ.| omm. R B Γ N | κακοδαίμων] κακοδαίμων τί πέπονθα Γ | θύρας] θύρας — R ‖ v. 1094 ἑλκόμενός εἰμ᾽] ἑλκόμενός εἰμι R Γ N ἑλκόμενος εἰμ᾽ B | ΓΡ. Γ.]: R ἄλλη Γ᾽ omm. B N | ἔσται] ἐσταί R corr. in ἐσταί R² ‖ v. 1095 ξυνεισπεσοῦμαι] ξυνεσπεσοῦμαι R corr. in ξυνέσπεσοῦμαι R² καὶ ξυμπεσοῦμαι B ξυμπεσοῦμαι Γ᾽ ξυνεσπεσοῦμαι N | μετὰ] corr. ex μετα R² | σοῦ] σου Γ | ΝΕΑΝΙΑΣ.]: R omm. B Γ N | πρὸς θεῶν] προσ θεῶν R ‖ v. 1096 ἑνὶ] ἕν N | ἢ] ἡ R ‖ v. 1097 ΓΡ. Γ.] omm. R B Γ N | ἐάν] ἤν B Γ | βούλη γ᾽] βούλει γ᾽ R βούλη γ᾽ B Γ βουλούλη γ᾽ N ‖ v. 1098 ΝΕΑΝΙΑΣ.] — R omm. B Γ N ‖ v. 1100 κᾆπειτ᾽] κάπειτ᾽ R | {ἐπειδὰν}] ἐπειδ᾽ ἂν R | τῆσδ᾽] τησδ᾽ Γ τῆς δ᾽ N

ΕΚΚΛΗΣΙΑΖΟΥΣΑΙ.

Φρύνην έχουσαν λήκυθον προς ταίς γνάθοις.
άρ' ού κακοδαίμων ειμί; βαρυδαίμων μέν ούν
νή τον Δία τον σωτήρ' άνήρ και δυστυχής,
όστις τοιούτοις θηρίοις συνείρξομαι.
υμάς δ' εάν τι πολλά πολλάκις πάθω       1105
υπό τοίνδε τοίν κασαλβάδοιν δεύρ' είσπλέων,
θάψαι μ' έπ' αυτώ τω στόματι της εισβολής·
και τήνδ' άνωθεν επιπολής του σήματος
ζώσαν καταπιττώσαντας, είτα τώ πόδε
μολυβδοχοήσαντας κύκλω περί τα σφυρά,    1110
αίτώ 'πιθείναι πρόφασιν αντί ληκύθου.

*XOPOY.*
ΘΕΡ. ώ μακάριος μέν δήμος, ευδαίμων δ' εγώ,

ADNOTATIO CRITICA.

v. 1104 συνείρξομαι Bergkius. — v. 1105 υμάς Meinekius. — fortasse πολλά — πολλάκις scribendum, ut irrideat poeta Euripidem cfr. Ran. vv. 1314 et 1348, Thesm. 1039 άν άνομα. — v. 1106 τοίνδε τοίν Cobetus. — v. 1108 τήνδ' Bergkius. — v. 1111 αίτώ (pro άνω) scripsi. — *XOPOY* adieci editores secutus, quamquam ipse magis in eam sententiam inclino, ut omnibus illis locis non cantus, sed solas saltationes chori fuisse putem.

SCRIPTURAE DISCREPANTIA.

v. 1101 έχουσαν] έχουσα Γ | η in λήκυθον] in corr., sed a prima manu in *B* | προς ταίς] προσ ταίς *R* ‖ v. 1102 άρ'] άρ' *ΓΝ* | κακοδαίμων] κακοδαίμον *R* | ειμί] corr. ex είμί *R* (είμί est etiam in *BN*) ‖ v. 1103 σωτήρ'] σωτήρα *ΓΝ* ‖ v. 1104 συνείρξομαι] συνείξομαι *RBΓΝ* ‖ v. 1105 υμάς] όμως *RBΓΝ* | δ' εάν] δε άν *R* corr. in δε άν *R*² ‖ v. 1106 υπό τοίνδε τοίν] υπο ταίνδαι ταίν *R* υπό ταίνδε ταίν *BΓΝ* | inter α et σ in κασαλβάδοιν] λ scribi coeptum del. *R* | είσπλέων] εσπλέων *RBΓΝ* ‖ v. 1107 έπ' αυτώ] επαυτώ *R* έμαυτον *B* έμαυτώ *ΓΝ* | τώ] τώ *BΓΝ* | εισβολής] εσβολής *RBΓΝ* ‖. v. 1108 τήνδ'] τών *RΓΝ* την (in ras., sed a prima manu est η) *B* | επιπολής] corr. in επί πολής (sic) *R*² επί πολής *B* επιπολης *Γ* επί πολλής *N* ‖ v. 1109 ultimum α in καταπιττώσαντας] in ras. est, sed a prima manu in *B* καταπιττώσαντες est in *Γ* | πόδε] corr. ex ποδέ *R*² ‖ v. 1110 μολυβδοχοήσαντας] μολιβδοχοήσαντας *Γ* μολυβδοχοήσαντος *N* | κύκλω] κύκλω *BΓΝ* ‖ v. 1111 αίτώ 'πιθείναι] άν ωπιθήναι *R* άνω 'πιθείναι *B* άνω 'πιτιθείναι *Γ* άνω (corr. ex άν'ω) 'πιθείναι *N* | αντί ληκύθου] αντί ληκύθον *R* ‖ *XOPOY.*] omm. *RBΓΝ* ‖ v. 1112

ΘΕΡ.] — *R* θερ.π̇ά *Γ* omm. *BN* | εγώ] corr. ex εγώ in *R* (εγώ est etiam in *BN*)

ΕΚΚΛΗΣΙΑΖΟΤΣΑΙ.

αὐτή τέ μοι δέσποινα μακαριωτάτη,
ὑμεῖς θ' ὅσαι παρέστατ' ἐπὶ ταῖσιν θύραις,
οἱ γείτονές τε πάντες οἵ τε δημόται, 1115
ἐγώ τε πρὸς τούτοισιν ἡ διάκονος,
ἥτις μεμύρισμαι τὴν κεφαλὴν μυρώμασιν
ἀγαθοῖσιν, ὦ Ζεῦ· πολὺ δ' ὑπερπέπαικεν αὖ
τούτων ἁπάντων τὰ Θάσι' ἀμφορείδια.
ἐν τῇ κεφαλῇ γὰρ ἐμμένει πολὺν χρόνον· 1120
τὰ δ' ἄλλ' ἀπανθήσαντα πάντ' ἀπέπτατο·
ὥστ' ἐστὶ πολὺ βέλτιστα, πολὺ δῆτ', ὦ θεοί.
κέρασον ἄκρατον, εὐφρανεῖ τὴν νύχθ' ὅλην
ἐκλεγομένας ὅ τι ἂν μάλιστ' ὀσμὴν ἔχῃ.
ἀλλ', ὦ γυναῖκες, φράσατέ μοι τὸν δεσπότην, 1125
τὸν ἄνδρ', ὅπου 'στί, τῆς ἐμῆς κεκτημένης.

ADNOTATIO CRITICA.

vv. 1113 seqq. in verbis ancillae emendandis operam perdiderunt multi editores, cum non perspexissent ancillam ebriam esse atque ex more hominum ebriorum et saepius eadem dicere et aliis modis τραγῳδεῖν atque hariolari. — v. 1114 ὑμεῖς θ' Dindorfius. — v. 1115 οἵ τε δημόται Brunckius. — v. 1117 μεμύρισμαι Athenaeus. — v. 1121 πάντ' ἀπέπτατο Suidas.

SCRIPTURAE DISCREPANTIA.

v. 1113 αὐτή] αὕτη *RN* αὕτη *Γ* || v. 1114 θ'] δ' *RBΓN* | παρέστατ'] πάρεστ' *BΓN* | ἐπὶ ταῖσιν] επι ταῖσιν *R* ἐπὶ ταῖσι *BΓN* || v. 1115 οἱ γείτονές τε πάντες] οἱ γείτονές θ' ἅπαντες *B* οἱ γείτονες πάντες *ΓN* | οἵ τε δημόται] οἱ τῶν δημοτῶν *RBΓN* || v. 1116 ἐγώ τε] ἐγώ τε *N* | πρὸς τούτοισιν] προσ τούτοισιν *R* || v. 1117 μεμύρισμαι] μεμύρωμαι *RN* μύρωμαι *BΓ* || v. 1118 ὑπερπέπαικεν] ὑπέρπαικε *B* ὑπερπέπαικαν *N* | αὖ] νῦν *B* || v. 1119 τούτων] αὐτῶν *B* τῶν *Γ* | ἀμφορείδια] ἀμφορειδία *Γ* || v. 1120 τῇ κεφαλῇ] τῇ κεφαλῇ *BN* τῇ κεφαλῇ *Γ* || v. 1121 ἀπανθήσαντα] ἀπανθήσασα *N* | πάντ' ἀπέπτατο] πάντα πέπτατο *RBΓN* || v. 1122 ante πολὺ spatium duarum fere litterarum, novae personae indicium, relictum est in *B* | βέλτιστα] δὴ βέλτιστα *N* | θεοί] corr. ex θεοὶ in *R* (θεοὶ est etiam in *BN*) || v. 1123 ἄκρατον] ἄκατον *ΓN* | ante εὐφρανεῖ spatium duarum fere litterarum, novae personae indicium, relictum est in *B* || v. 1124 ἐκλεγομένας] ἐκλεγομένη *B* | μάλιστ'] μάλιστα *Γ* | ἔχῃ] εχει *R* ἔχοι *BΓ* ἔχῃ *N* || v. 1125 μοι] μου *BΓ* | vv. 1125 et 1126 unum versum efficiunt, item vv. 1127 et 1128, 1129 et 1130, 1131 et 1132, 1133 et 1134 in *Γ* || v. 1126 ὅπου] corr. ex ὅπο in *R* | 'στί] 'στιν *R* 'στὶ *BΓ* 'στι *N*

ΕΚΚΛΗΣΙΑΖΟΤΣΑΙ. 93

ΚΟΡ. αὐτοῦ μένουσ' ἡμῖν ἂν ἐξευρεῖν δοκεῖς.
ΘΕΡ. μάλισθ'· ὁδὶ γὰρ ἐπὶ τὸ δεῖπνον ἔρχεται.
ὦ δέσποτ', ὦ μακάριε καὶ τρισόλβιε.
ΒΛΕ. ἐγώ; ΘΕΡ. σὺ μέντοι νὴ Δί' ὥς γ' οὐδεὶς ἀνήρ. 1130
τίς γὰρ γένοιτ' ἂν μᾶλλον ὀλβιώτερος,
ὅστις πολιτῶν πλεῖον ἢ τρισμυρίων
ὄντων τὸ πλῆθος οὐ δεδείπνηκας μόνος;
ΚΟΡ. εὐδαιμονικόν γ' ἄνθρωπον εἴρηκας σαφῶς.
ΘΕΡ. ποῖ ποῖ βαδίζεις; ΒΛΕ. ἐπὶ τὸ δεῖπνον ἔρχομαι.
ΘΕΡ. νὴ τὴν Ἀφροδίτην, πολύ γ' ἁπάντων ὕστατος. 1136
ὅμως δ' ἐκέλευε συλλαβοῦσάν μ' ἡ γυνὴ
ἄγειν σε καὶ τασδὶ μετὰ σοῦ τὰς μείρακας.
οἶνος δὲ Χῖός ἐστι περιλελειμμένος
καὶ τἄλλ' ἀγαθά. πρὸς ταῦτα μὴ βραδύνετε, 1140
καὶ τῶν θεατῶν εἴ τις εὔνους τυγχάνει,
καὶ τῶν κριτῶν εἰ μή τις ἑτέρωσε βλέπει,
ἴτω μεθ' ἡμῶν· πάντα γὰρ παρέξομεν.
ΒΛΕ. οὔκουν ἅπασι δῆτα γενναίως ἐρεῖς
καὶ μὴ παραλείψεις μηδέν', ἀλλ' ἐλευθέρως 1145

ADNOTATIO CRITICA.

1127 ἂν Blaydesius. — v. 1145 παραλείψεις Brunckius.

SCRIPTURAE DISCREPANTIA.

v. 1127 *KOP.*] χορὸς R omm. *BΓN* | αὐτοῦ μένουσ'] αἰτουμέναις B αἰτουμένης Γ | ἂν] γὰρ R B Γ N ‖ v. 1128 ΘΕΡ.] omm. R B Γ N | ἐπὶ τὸ] ἐπὶ τὸ R ‖ v. 1129 versui praefixum est — in R ‖ v. 1130 *BΛE.*] — R omm. *ΒΓN* | ΘΕΡ.] : R omm. *ΒΓN* | Δί'] δία R | ὥς γ'] ὥς γ' RN | οὐδείς] οὐδεὶς R ‖ v. 1131 τίς] τὶς B τί N ‖ v. 1134 *KOP.*] omm. R B Γ N ‖ v. 1135 ΘΕΡ.] — R omm. *ΒΓN* | βαδίζεις;] corr. ex βαδίσεις N | *BΛE.*] : R omm. *ΒΓN* ‖ desunt reliqua a versu 1136 inclus. in codd. B et Γ ‖ v. 1136 ΘΕΡ.] — R om. N | πολύ γ'] πολύ γ' R ‖ v. 1137 συλλαβοῦσάν μ'] συλλαβοῦσα μ' R συλλαβοῦσαν μ' N | γυνή] corr. ex γυνή R ‖ v. 1138 τασδὶ] τάσδὶ R τὰς δὴ N | μετὰ] corr. ex μετα R² ‖ v. 1139 Χῖός ἐστι] χῖος ἐστὶ N | περιλελειμμένος] παραλελειμμένος corr. ex παραλελειμμένος R² ‖ v. 1140 τἄλλ' | τ' ἄλλ' R τ' ἀλλ' N | πρὸς] corr. ex προς R ‖ v. 1142 βλέπει] βλέπῃ N ‖ v. 1144 *ΒΛΕ.*] — R om. N | οὔκουν.] οὐκοῦν N ‖ v. 1145 παραλείψεις] παραλείψῃς R παραλείψῃς N | μηδέν'] μηδέν· R μηδὲν N

καλεῖς γέροντα, μειράκιον, παιδίσκον; ὡς
τὸ δεῖπνον αὐτοῖς ἔστ' ἐπεσκευασμένον
ἀπαξάπασιν, ἢν ἀπίωσιν οἴκαδε.
ἐγὼ δὲ πρὸς τὸ δεῖπνον ἤδη 'πείξομαι,
ἔχω γέ τοι καὶ δᾷδα ταυτηνὶ καλῶς. 1150
ΚΟΡ. τί δῆτα διατρίβεις ἔχων, ἀλλ' οὐκ ἄγεις
τασδὶ λαβών; ἐν ὅσῳ δὲ καταβαίνεις, ἐγὼ
ἐπᾴσομαι μέλος τι μελλοδειπνικόν.
σμικρὸν δ' ὑποθέσθαι τοῖς κριταῖσι βούλομαι·
τοῖς σοφοῖς μέν, τῶν σοφῶν μεμνημένοις κρίνειν
ἐμέ· 1155
τοῖς γελῶσι δ' ἡδέως, διὰ τὸ γελᾶν κρίνειν ἐμέ
σχεδὸν ἅπαντας οὖν κελεύω δηλαδὴ κρίνειν ἐμέ.
μηδὲ τὸν κλῆρον γενέσθαι μηδὲν ἡμῖν αἴτιον,
ὅτι προείληχ'· ἀλλ' ἅπαντας ταῦτα χρὴ μεμνη-
μένους
μὴ 'πιορκεῖν, ἀλλὰ κρίνειν τοὺς χοροὺς ὀρθῶς
ἀεί, 1160

ADNOTATIO CRITICA.

v. 1146 καλεῖς Cobetus. — v. 1150 ἔχω γέ τοι Lentingius. — v. 1155 σοφοῖς Scaliger. — v. 1156 διὰ τὸ γελᾶν Porsonus. — v. 1157 Aristophanes pro σχεδὸν vocab. codicum aliud quid scripsisse videtur, fortasse ἀλλ', ex glossemate autem sic fere concepto: δηλαδὴ σχεδὸν ταὐτὸ τῷ δηλονότι putaverim σχεδόν in contextum irrepsisse. — v. 1159 ἅπαντας Dobraeus.

SCRIPTURAE DISCREPANTIA.

v. 1146 καλεῖς] καλεῖν corr. ex καλειν R² καλεῖν est in N ‖ v. 1148 ἀπαξάπασιν] ἅπαξ (corr. ex ἅπαξ) ἅπασιν R | ἢν] ἢν R ‖ v. 1150 ἔχω γέ τοι] ἔχω δέ τοι R " ' (soli accentus suis locis insunt) N ‖ v. 1151 ΚΟΡ.] R om. N | τί] τι R | διατρίβεις] corr. ex διατρίβης N ‖ v. 1152 τασδὶ] τάσδὶ RN | ἐν ὅσῳ] ἐνόσω RN ‖ v. 1153 ἐπᾴσομαι] ἐπ' ᾄσομαι ● R ἐπάσομαι N | τι] τί N | μελλοδειπνικόν] corr. ex μελλοδειπνικόν R μελοδειπνικόν est in N ‖ v. 1154 ὑποθέσθαι] ὑπερθέσθαι N ‖ v. 1155 σοφοῖς μέν] σοφοῖσι μὲν RN | μεμνημένοις] μεμνημένος N ‖ v. 1156 διὰ τὸ γελᾶν] δια τὸν γέλων R διὰ τὸν γέλων N ‖ v. 1158 μηδὲ] μηδε R μηδὲ N | κλῆρον] corr. ex κληρὸν R² | μηδὲν] μηδέν' R ‖ v. 1159 ἀλλ' ἅπαντας] ἀλλὰ πάντα R ἀλλ' ἅπαντα N

ΕΚΚΛΗΣΙΑΖΟΤΣΑΙ. 95

μηδὲ ταῖς κακαῖς ἑταίραις τὸν τρόπον προσεικέναι,
αἳ μόνον μνήμην ἔχουσι τῶν τελευταίων ἀεί.
ὦ ὦ ὥρα δή,
ὦ φίλαι γυναῖκες, εἴπερ μέλλομεν τὸ χρῆμα δρᾶν,
ἐπὶ τὸ δεῖπνον ὑπαποκινεῖν. Κρητικῶς οὖν τὼ
πόδε 1165
καὶ σὺ κίνει. ΒΛΕ. τοῦτο δρῶ. ΚΟΡ. δεῖ δὲ καὶ
τάσδε λαγαρῶς ποιεῖν
τὸν σκελίσκοιν ῥυθμόν. τάχα δ' ἔπεισι
λοπαδυτεμαχοσελαχογαλεο-
κρανιολειψανοδριμυποτριμματο- 1170

ADNOTATIO CRITICA.

v. 1161 τὸν τρόπον Brunckius. — v. 1164 ὦ φίλαι Dindorfius. —
v. 1165 ὑπαποκινεῖν Cobetus. — vv. 1166 et 1167 hos versus coniecturis
refingere conatus sum scribens: δεῖ δὲ καὶ (pro καί), τάσδε λαγαρῶς
ποιεῖν (pro τάσδε νῦν λαγαρᾶς), τὸν σκελίσκοιν ῥυθμόν. (pro τοῖν σκε-
λίσκοιν τὸν ῥυθμόν), τάχα δ' (pro τάχα γὰρ); sed, ut Blaydesii verbis
utar, in loco tam corrupto omnia incerta sunt. Equidem satis habebo,
si mihi concedetur: 1) metrum inde a τοῦτο δρῶ creticum esse debere,
2) τάσδε vocabulo mulieres chori indicari, 3) λαγαρὰς vocab. codicum
(vel, id quod ipse scripsi, λαγαρῶς) ad rhythmum creticum referendum
esse.

SCRIPTURAE DISCREPANTIA.

v. 1161 μηδὲ] μήδε R μηδὲ N | ἑταίραις] corr. ex ἑταί-
ραις R² | τὸν τρόπον] τόν τε τρόπον R τὸν τε τρόπον N ‖ in
vv. 1163—1182 verba ita disposita sunt, ut singuli versus finian-
tur vocabulis: φίλαι | δρᾶν | πόδε | κίνει | δρῶ | λαγαρὰς | ἔπεισι
... γαλεο | ... τριμματο | ... χυμενο | ... περιστερα | ... κιγκλοπε |
... τραγα | ἀκροασάμε (in ἀκροασάμενος) | τρύβλιον | λαβὼν | ἐπι-
δειπνῇς | που | εὐαί, εὐαί | εὐαί, εὐαί | νίκη | εὐαί, εὐαί. R —
φίλαι | δρᾶν | πόδε | δρῶ | λαγαρὰς | ἔπεισι | ... γαλεο | ... τριμ-
ματο | ... χυμενο | ... περιστερα | ... κιγκλοπε | ... πτερυγῶν |
ταχέως | λαβὼν κόνισαι | ἐπιδειπνῇς | που | εὐαί, εὐαί | δειπνήσομεν,
ὦ εὐαί, εὐαί | εὐαί, εὐαί. N — v. 1163 versui praefixum est:
ἡμι^χ R | ὦ ὦ] ω ω R ‖ v. 1164 ὦ] omm. RN ‖ v. 1165 ὑπαπο-
κινεῖν] ὑπανακινεῖν RN | πόδε] πόδε — R ‖ v. 1166 ΒΛΕ.] ἡμι^χ
R om. N | ΚΟΡ.] ἡμι^χ R om. N | δεῖ δὲ καὶ] καί RN | τάσδε λα-
γαρῶς ποιεῖν] τάσδε νῦν λαγαρᾶς RN ‖ v. 1167 τὸν σκελίσκοιν
ῥυθμόν] τοῖν σκελίσκοιν (σκελίσκειν N) τὸν ῥυθμόν (ῥυθμὸν N)
RN | δ'] γὰρ RN | ἔπεισι] corr. ex ἐπεισὶ R ‖ v. 1168 λοπαδυ-
τεμαχύσσελαχογαλεο (quod erat inter σε et λαχο praeterea: λαχο
del. prima manus) R λοπαδοτεμαχοσελαχογάλεο, N ‖ v. 1170 κρα-
νιολειψανοδριμυποτιτρίμματο, N

ΕΚΚΛΗΣΙΑΖΟΥΣΑΙ.

σιλφιοτυρομελιτοκατακεχυμενο-
κιχλεπικοσσυφοφαττοπερίστερα —
λεκτρυονοπτεκεφαλλιοκιγκλοπε-
λειολαγωοσιραιοβαφητραγαν-
οπτερυγών· σὺ δὲ ταῦτ' ἀκροασάμε- 1175
νος τρέχε καὶ ταχέως λαβὲ τρύβλιον.
εἶτα κόνισαι λαβὼν
λέκιθον, ἵν' ἐπιδειπνῇς.
ΒΛΕ. ἀλλὰ λαιμάττουσί που.
ΧΟΡ. αἴρεσθ' ἄνω, εὐαί, εὐαί.
δειπνήσομεν ὦ, εὐαί, εὐαί, 1180
εὐαί, ὡς ἐπὶ νίκῃ·
εὐαί, εὐαί, εὐαί, εὐαί.

ADNOTATIO CRITICA.

v. 1171 τυρο (pro παραο) Blaydesius. — v. 1172 κιχλε Faber. — κοσσυφοφαττο Dindorfius. — v. 1174 λαγωο Meinekius. — v. 1175 πτε-ρυγών· Schneiderus. — v. 1176 τρέχε καὶ ταχέως Blaydesius. — v. 1179 nescio, an pro λαιμάττουσι scribendum sit: λαιμάξουσι. — vv. 1179—1182 choro tribuendos esse intellexit Vossius. — v. 1179 εὐαί prius (pro ἰαί) Dindorfius. — v. 1180 ὦ, εὐαί scripsi (pro εὐοῖ).

SCRIPTURAE DISCREPANTIA.

v. 1171 σιλφιοπαραομελιτοκατακεχυμένο *RN* ‖ v. 1172 κινκλε-πικοσσυκοφάττοπεριστέρ ἁ *R* κινκλεπικοσσυφαοπεριστερά *N* ‖ v. 1173 λεκτρυονοπτεγκεφαλλιοκιγκλοπε *R* λεκτριονοπτεγκεφαλλιοκιγκλοπε *N* ‖ vv. 1174 et 1175 λειολαγωοσιραιοβαφῆτραγανοπτερυγων (quae est inter αι et βα littera o, omissa erat, sed supra versum adscripta est a prima manu) *R* λειολαγωοσιραιοβαφητραγανοπτερύγων *N* ‖ v. 1176 τρέχε] ταχὺ *RN* | τρύβλιον] τρίβλιον *N* ‖ v. 1177 κόνισαι λαβὼν] λαβὼν κόνισαι *N* | ἐπιδειπνῇς] ἐπιδειπνῆς *RN* ‖ v. 1178 *ΒΛΕ.*] ἡμί *R* om. *N* ‖ v. 1179 *ΧΟΡ.*] omm. *RN* | prius εὐαί] ἰ αι inter ἰ et αι rasura deletum est εὐ *R* ἰαί est in *N* | alterum εὐαί| εὐαι *R* εὔ αἴ *N* ‖ v. 1180 ὦ, εὐαί, εὐαί] ευοῖ· εὐαὶ *R* εὐ οἴ εὐ αἴ *N* ‖ v. 1181 εὐαί ὡς ἐπὶ νίκῃ] ευαι· ως ἐπι νίκῃ *R* εὐαίως ἐπινίκῃ *N* ‖ v. 1182 εὐαι· εὐαι· εὐαι· εὐαί: *R* εὔ αἴ· εὔ αἴ· εὔ αἴ· εὐ αἴ· εὔ αἴ: *N*